ÉLÉMENTS

DE LA

GRAMMAIRE FRANÇAISE,

AVEC DES EXERCICES GRADUÉS SUR CHAQUE RÈGLE.

ÉLÉMENTS

DE LA

GRAMMAIRE FRANÇAISE

De C. F. LHOMOND,

AVEC DES EXERCICES GRADUÉS SUR CHAQUE RÈGLE,

Par J. B. COCQUEMPOT,

INSTITUTEUR.

PARIS,

DE L'IMPRIMERIE D'AUGUSTE DELALAIN,

LIBRAIRE-ÉDITEUR, rue des Mathurins-St.-Jacques, n° 5.

1834.

PRÉFACE.

C'est par la langue maternelle que doivent commencer les études, dit Rollin. Les enfants comprennent plus aisément les principes de la grammaire, quand ils les voient appliqués à une langue qu'ils entendent déjà, et cette connaissance leur sert comme d'introduction aux langues anciennes qu'on veut leur enseigner. Nous avons de bonnes grammaires françaises, mais je doute que l'on puisse porter un jugement aussi favorable des abrégés qui ont été faits pour les commençants. Les premiers éléments ne sauraient être trop simplifiés. Quand on parle à des enfants, il y a une mesure de connaissances à laquelle on doit se borner, parce qu'ils ne sont pas capables d'en recevoir davantage. Il est surtout important de ne pas leur présenter plusieurs objets à la fois : il faut, pour ainsi dire, faire entrer dans leur esprit les idées une à une, comme on introduit une liqueur goutte à goutte dans un vase dont l'embouchure est étroite : si vous en versez trop en même temps, la liqueur se répand, et rien n'entre dans le vase. Il y a aussi un ordre à garder ; cet ordre consiste principalement à ne pas supposer des choses que vous n'avez pas encore dites, et à commencer par les connaissances qui ne dépendent point de celles qui suivent. Enfin, il y a une manière de s'énoncer accommodée à leur faiblesse : ce n'est point par des définitions abstraites qu'on leur fera connaître les objets dont on leur parle, mais par des caractères sensibles, et qui les rendent faciles à distinguer (1).

On sent que, pour exécuter ce plan, il faut connaître les enfants. Appliqué pendant vingt années aux fonctions de l'instruction publique, j'ai été à portée de les observer de près, de mesurer leurs forces, de sentir ce qui leur convient : c'est cette connaissance, que l'expérience seule peut donner, qui m'a déterminé à composer des livres élémentaires. Puisse l'exécution remplir l'unique but que je me propose, celui d'être utile, et d'épargner à cet âge aimable une partie des larmes que les premières études font couler !

---

(1) Une définition présente une idée générale, qui suppose des idées particulières ; et l'enfant, n'ayant pas encore acquis ces idées particulières, ne peut entendre la définition. J'ai compris, sous la dénomination de pronoms *adjectifs*, tous ceux que l'on appelle *démonstratifs*, *possessifs*, etc., parce que l'enfant a vu ce qui se nomme *adjectif*, et parce qu'il *convient de diminuer le nombre des mots barbares* dans une grammaire élémentaire.

AVIS.

INDÉPENDAMMENT d'un ou de deux exercices que l'écolier fera chaque jour, soit par écrit, soit verbalement (1), il est indispensable qu'il conjugue aussi un ou deux verbes réguliers ; afin que, quand il sera parvenu à cette partie du discours, il soit en état de faire les exercices qui s'y trouvent. De même, après la formation des temps, il conjuguera les verbes irréguliers, de sorte qu'il n'éprouve aucun retard, lorsqu'il sera près de s'exercer sur l'emploi des temps et des modes.

VERBES A FAIRE CONJUGUER AVANT LA FORMATION DES TEMPS.

Avec affirmation.

Porter, planter, tailler, veiller, nager, juger, plonger, venger, clouer, houer, tuer, nier, lier, oublier, ployer, côtoyer, payer, rayer, essayer, essuyer, appuyer, créer, agréer, suppléer, épeler, ciseler, niveler, jeter, cacheter, fureter, amener, lever, achever, modeler, peser, protéger, régner, préférer, sucer, penser.—Ternir, bondir, agir, régir, saisir, avertir. — Concevoir,

___

(1) C'est au Maître à déterminer la quantité et la manière.

apercevoir, décevoir, devoir. — Rendre, étendre, fondre, répandre, attendre, prendre.

Avec interrogation.

Nota. On peut commencer par les verbes qui servent de modèles.

Parler, lancer, douter, bâiller, détailler, gagner, rédiger, nouer, avouer, scier, publier, tutoyer, ragréer, dételer, céler, pécher. — Bénir, pétrir, languir.—Refondre, tondre, fendre, prétendre.

Avec négation.

Cracher, fouiller, corriger, influer, supplier; nettoyer. —Noircir, fléchir.—Vendre, répondre.

Avec interrogation et négation.

Détailler, ravager, abréger, nouer, influer, prier, coudoyer, carreler, concéder. — Brunir, unir. — Prétendre, suspendre.

VERBES NEUTRES QUI PRENNENT *ETRE* AUX TEMPS COMPOSÉS.

Arriver, entrer, tomber, partir, descendre, monter, rester.

VERBES PRONOMINAUX.

S'écrier, s'apitoyer, se repentir, s'évanouir,

se réjouir , se morfondre , s'habiller, se perdre ,
se nourrir , se promener.

VERBES A CONJUGUER APRÈS LA FORMATION DES TEMPS.

Sentir, mentir, dormir, servir, offrir, ouvrir,
tenir , venir , devenir , craindre, feindre, teindre,
ceindre, joindre, déduire, séduire, paraître,
connaître, plaire, déplaire, aller, s'en aller,
envoyer, renvoyer, courir, secourir, cueillir,
recueillir, fuir, s'enfuir, mourir, se mourir,
faillir, acquérir, s'enquérir, quérir, saillir, tressaillir, assaillir, se vêtir. — Choir, déchoir,
échoir, se mouvoir, pleuvoir, falloir, pouvoir,
savoir, s'asseoir, valoir, se prévaloir, voir, se
pourvoir, vouloir. — Se battre, boire, braire,
bruire, clore, conclure, exclure, confire, coudre,
découdre, croire, dire, se dédire, redire, contredire, maudire, écrire, décrire, s'inscrire,
faire, refaire, surfaire, frire, prendre, se reprendre, lire, relire, luire, cuire, mettre, émettre,
se soumettre, moudre, remoudre, naître, rire,
sourire, rompre, se corrompre, absoudre, se
résoudre, se suffire, traire, extraire, vaincre,
se convaincre, vivre.

ABRÉVIATIONS.

a. ou *ac.*	actif.	*m.*	masculin.
abs.	absolu.	*n.*	neutre.
adj. ou *ad.*	adjectif.	*p.*	propre.
adv.	adverbe.	*pa.* ou *pas.*	passé.
antécé.	antécédent.	*per.*	personnel.
ant.	antérieur.	*pers.*	{ personne. / personnel. }
art.	article.		
c.	commun.	*poss.*	possessif.
C. ou *cond.*	conditionnel.	*pl.*	pluriel.
comp.	comparatif.	*pl. - p.* ou *plusq.-parf.*	} plusque-par-fait.
conj.	conjugaison.		
d.	directe.	*prép.*	préposition.
déf.	défini.	*prét.* ou *p.*	prétérit.
dém.	démonstratif.	*pro.*	pronom.
dét.	détermine.	*ps.* ou *prés.*	présent.
f. ou *fém.*	féminin.	*réf.* ou *r.*	réfléchi.
f. ou *fut.*	futur.	*rég.*	régime.
imp.	imparfait.	*rel.* ou *r.*	relatif.
impé.	impératif.	*sing.* ou *s.*	singulier.
impers.	impersonnel.	*subj.*	subjonctif.
Ind.	indicatif.	*sup.*	{ supériorité. / superlatif. }
ind. ou *indéf.*	} indéfini.		
		v.	verbe.
inf.	{ infériorité. / infinitif. }	*voy.* ou *v.*	voyez.

ÉLÉMENTS

DE LA

GRAMMAIRE FRANÇAISE.

INTRODUCTION.

La Grammaire est l'art de parler et d'écrire correctement (1).

Pour parler et pour écrire, on emploie des mots.

Les mots sont composés de lettres.

Il y a deux sortes de lettres, les *voyelles* et les *consonnes*.

Les voyelles sont : *a* , *e* , *i*, *o*, *u*, et *y*. On les appelle *voyelles*, parce que, seules, elles forment une voix, un son.

Il y a trois sortes d'*e* : *e* muet, *é* fermé, *è* ouvert.

L'e *muet*, comme à la fin de ces mots : *homme*, *monde ;* on l'appelle *muet*, parce que le son en est sourd et peu sensible.

L'é *fermé*, comme à la fin de ces mots : *bonté*, *café ;* cet *é* se prononce la bouche presque fermée.

L'è *ouvert*, comme à la fin de ces mots : *procès, accès, succès ;* pour bien prononcer cet *è*, il faut appuyer dessus et desserrer les dents.

L'*y* grec s'emploie le plus souvent pour deux

____

(1) *Écrire* veut dire ici : *exprimer ses idées par écrit.*

i, comme dans *pays*, *moyen*, *joyeux* : prononcez *paï-is*, *moi-ien*, *joi-ieux* (1).

Les consonnes sont : *b*, *c*, *d*, *f*, *g*, *h*, *j*, *k*, *l*, *m*, *n*, *p*, *q*, *r*, *s*, *t*, *v*, *x*, *z*. Ces lettres s'appellent *consonnes*, parce qu'elles ne forment un son qu'avec le secours des voyelles, comme *ba*, *be*, *bi*, *bo*, *bu* : *ca*, *ce*, *ci*, *co*, *cu* : *da*, *de*, *di*, *do*, *du*, etc.

La lettre *h* ne se prononce pas dans certains mots, l'h*omme*, l'h*onneur*, l'h*istoire*, etc., qu'on prononce comme s'il y avait l'*omme*, l'*onneur*, l'*istoire*; alors on l'appelle *h muette*.

Mais dans les mots suivants, la *haine*, le *hameau*, le *héros*, la lettre *h* fait prononcer du gosier la voyelle qui suit; alors on l'appelle *h* aspirée : ainsi l'on écrit et l'on prononce séparément les deux mots *la haine*, et non pas *l'haine*; *les héros*, et non pas comme s'il y avait *les zhéros*.

Les voyelles sont *longues* ou *brèves*.

Les voyelles *longues* sont celles sur lesquelles on appuie plus long-temps que sur les autres en les prononçant. Les voyelles *brèves* sont celles sur lesquelles on appuie moins long-temps.

Par exemple, *a* est long dans *pâte* pour faire du pain, il est bref dans *pate d'animal*.

e est long dans *tempête*, et il est bref dans *trompette*.

i est long dans *gîte*, et bref dans *petite*.

---

(1) Il n'y a exception que dans les mots tirés du grec, *hymne*, *Hyppolite*, *pyramide*, etc.; alors l'*y* se prononce comme l'*i* simple.

o est long dans *apôtre*, et bref dans *dévote*.

u est long dans *flûte*, et bref dans *butte*.

Pour marquer les différentes sortes d'*e*, et les voyelles longues, on emploie trois petits signes que l'on appelle *accents*; savoir : l'accent *aigu* ('), qui se met sur les *é* fermés, *bonté*; l'accent *grave* (`), qui se met sur les *è* ouverts, *accès*; et l'accent *circonflexe* (^), qui se met sur la plupart des voyelles longues, *apôtre*.

Il y a en français dix sortes de mots qu'on appelle les *parties du discours*; savoir : le *Nom* ou *Substantif*, l'*Article*, l'*Adjectif*, le *Pronom*, le *Verbe*, le *Participe*, la *Préposition*, l'*Adverbe*, la *Conjonction* et l'*Interjection*.

CHAPITRE PREMIER.

PREMIÈRE ESPÈCE DE MOTS.

Le Nom.

LE *Nom* ou *Substantif* est un mot qui sert à nommer une personne ou une chose, comme *Pierre*, *Paul*, *livre*, *chapeau*.

Il y a deux sortes de noms, le nom *commun* et le nom *propre*.

Le nom *commun* est celui qui convient à plusieurs personnes, ou à plusieurs choses semblables : *homme*, *cheval*, *maison*, sont des noms communs ; car le nom *homme* convient à Pierre, à Paul, etc.

Le nom *propre* est celui qui ne convient qu'à une seule personne ou à une seule chose, comme *Adam , Eve , Paris , la Seine*.

Exercices , n°s 1, 2, 3, 4.

Dans les noms il faut considérer le *genre* et le *nombre*.

Il y a en français deux genres, le *masculin* et le *féminin*. Les noms d'hommes ou de mâles sont du genre masculin, comme un *père*, un *lion* ; les noms de femmes ou de femelles sont du genre féminin., comme une *mère* , une *lionne*. Ensuite, par imitation, l'on a donné le genre masculin ou le genre féminin à des choses qui ne sont ni mâles , ni femelles , comme un *livre* , une *table* , le *soleil* , la *lune*.

Exercices , n°s 5, 6, 7, 8, 9.

Il y a deux nombres , le *singulier* et le *pluriel :* le singulier, quand on parle d'une seule personne ou d'une seule chose , comme un *homme* , un *livre ;* le pluriel , quand on parle de plusieurs personnes ou de plusieurs choses, comme les *hommes* , les *livres*.

Exercices , n°s 10, 11.

Exercices pour apprendre à distinguer les noms communs des noms propres.

L'écolier mettra un *c* après chaque nom commun , et un *p* après chaque nom propre.

1. Le père, la mère, le frère, la sœur, Edmond, Théophile, Paris, la France, l'enfant, l'Angleterre, l'Espagne, la vache, l'oiseau, l'Italie, Emile, le Rhin, le perroquet, la pie, un merle, Emilie.

2. Fénélon, la colombe, Racine, l'Amérique, Louis, le coq, Bertrand, l'Asie, le corbeau, Edouard, l'Afrique, la Lune, le Nord, le chien, le chat, Minerve, Socrate, le loup, l'Artois, Lyon, le lion.

3. Le bœuf, Lille, la taupe, le putois, la Hollande, le coucou, la dent, Henri, la bouche, un Africain, Rome, l'église, un arbrisseau, Léon, Sophie, une feuille, la Bohême, la Hongrie.

4. Le rossignol, le Hongrois, le Portugal, la Picardie, Amiens, Auguste, le Sud, la fauvette, l'Ascension, la Foi, l'histoire, l'Océan, Madrid, la caille, Elisabeth, la clef, une citrouille, Martine.

Exercices sur le genre des noms.

Noms dont l'écolier indiquera le genre par l'une des initiales *m* ou *f*.

5. Le frère, la sœur, le garçon, la fille, le serviteur, la servante, le cousin, la cousine, la tante, l'oncle, le coq, la poule, un chat, une chatte, une chienne, un chien, le taureau, la vache, le bélier, la brebis.

6. L'officier, le capitaine, l'alouette, la corneille, un merle, un homme, une femme, l'épouse, l'époux, un poulet, l'enfant, Joseph, Joséphine, Antoine, Eugénie, le cuisinier, la cuisinière, la baronne, le baron.

7. L'abbesse, l'abbé, du pain, de la viande, une porte, une table, l'armoire, le tiroir, un couteau, la planche, l'écurie, l'étable, le livre,

la plume, l'encrier, l'encre, l'esprit, le génie, l'outil, la lettre, une fenêtre.

8. L'établissement, une bouteille, l'oreille, l'oiseau, l'étourneau, un doigt, l'ongle, le cimetière, le carrosse, le légume, l'héritière, l'héritier, l'hameçon, Ernest, Ernestine, un matelot, une chaise, un banc, le duc, la duchesse.

9. L'empire, le royaume, l'estime, l'amitié, l'âne, l'ânesse, l'épée, l'éperon, l'alène, l'âme, l'hostie, l'ivoire, l'haleine, Virginie, l'étoile, le Soleil, le point, l'espèce, l'argent, l'or, l'hospice.

Exercices sur le nombre des noms.

Noms dont l'écolier indiquera le nombre par les initiales *s* ou *pl.*

10. Un Jupon, une jupe, la plume, l'arbre, la plante, un canif, les jambes, les pieds, des ognons, des boutons, deux toises, trois lignes, un mètre, six hectolitres, une chaîne, l'étui.

11. Des corbeaux, les paysans, un nœud, une noix, l'emploi, le levain, la cruche, cent francs, un orteil, des tableaux, du prince, de la princesse, Adolphe, Rouen, une tuile, des tonneaux.

===

Comment se forme le pluriel dans les noms ?

Règle générale. Pour former le pluriel, ajoutez *s* à la fin du nom : le *père*, les *pères*; la *mère*, les *mères* ; le *livre*, les *livres* ; la *table*, les *tables*.

Première remarque. Les noms terminés au singulier par *s*, *z*, *x*, n'ajoutent rien au pluriel : le *fils*, les *fils* ; le *nez*, les *nez* ; la *voix*, les *voix*.

Deuxième remarque. Les noms terminés au singulier par *au*, *eu*, prennent *x* au pluriel : le *bateau*, les *bateaux* ; le *feu*, les *feux*.

Les noms terminés en *ou* prennent *s* au pluriel, excepté *cailloux*, *choux*, *genoux*, *hiboux*.

Troisième remarque. La plupart des noms terminés au singulier par *al*, *ail*, font leur pluriel en *aux* : le *mal*, les *maux* ; le *cheval*, les *chevaux* ; le *travail*, les *travaux*. Excepté *détails*, *éventails*, *portails*, *gouvernails*, *camails*, *épouvantails*.

Aïeul, *ciel* ; *œil*, font au pluriel *aïeux*, *cieux*, *yeux*.

———

Exercices sur la formation du pluriel dans les noms.

Noms singuliers à mettre au pluriel : en indiquer le genre.

12. Le parrain, la marraine, le mouton, le bienfaiteur, un assaut, un électeur, une oie, un jars, un pays, le pays, le religieux, la noix, la croix, le nez, le filleul, la filleule, le Roi, la Reine, le marquis, le vin.

13. Le puits, le buis, le crucifix, un maître, une maîtresse, le prêtre, le prophète,

le talent, l'événement, le gant, l'éléphant, le vent, un parent, un tuteur, le bois, le choix, un canard, une cane, l'écurie.

14. Un manteau, le jumeau, le château, le hoyau, le neveu, l'essieu, un pieu, un chou, le pou, le genou, le hibou, le caillou, le sou, le clou, le bambou, le cou, le bateau, le vaisseau, un coteau, un tuyau.

15. Le licou, le coucou, un loup-garou, le cheveu, le lieu, le chameau, l'étau, le glou-glou, un pinceau, le préau, un matou, un fou, le manteau, le trou, un couteau, un étour-neau.

16. Le cheval, le canal, l'arsenal, l'hô-pital, le caporal, l'étal, le bail, le travail, l'émail, le corail, le soupirail, le ventail, l'ail, le portail, l'épouvantail, le camail, un éven-tail, le bétail, le ciel, l'aïeul, l'œil.

Récapitulation de la formation du pluriel.

17. Le berger, la bergère, le poids, le pois, la joue, la houe, le houx, le nez, le matelas, l'agneau, le chou, le cheveu, le clou, un hi-bou, le mal, le serail, un cerf, une biche, le cou, le genou, le neveu, un portail.

18. Le cardinal, le ciel, le régal, le cou-cou, le camail, un Français, le milieu, le paon, la paonne, le piédestal, un licou, le ge-nou, un clou, la souris, l'ail, l'époux, le jou-

jou, le travail, le malheureux, le détail, le vent, l'enfant.

19. Le bétail, le soupirail, l'aïeul, le gueux, un moineau, un matou, l'œil, le velours, l'enjeu, le local, le lis, un sapajou, le plant, un fanal, le remords, un accident, l'émail, le tonneau, le caveau.

Phrases dans lesquelles il y a des noms à corriger (1).

20. Les *enfans* et les *foux* s'imaginent que vingt *franc* et vingt *an* ne peuvent jamais finir. *Socrate* (2) avait coutume d'aller le *matin* aux *lieus* destinés aux *exercice*; de là il se rendait à la *places*, environ *l'heures* qu'on s'y assemblait; et le *reste* du *jours*, il se trouvait aux *endroit* où se rencontraient d'ordinaire les plus grandes *compagnie*.

21. On exagère ses *imperfection* pour faire passer *l'éloge* de ses *vertus*, comme on montre une *égratignure* pour étaler un *diamants*. J'ai acheté une *perdrix* dont j'ai payé quinze *sou*. Il faut que les *géans* meurent comme les *nains*. Les *homme*, les *femmes* et les *enfans* du *villages* sont tous ici. Le petit *garçon* a des *pou* à la *têtes*.

22. Vos frères ont apporté des *Indes*, sur des *cheval* et des *chameau*, des *perle*, des *diamans*, et une *quantité* d'autres *marchandise*.

---

(1) Dans ces exercices les noms sont en italiques.
(2) Quelques noms sont écrits correctement.

Il faudrait être l'*antipode* de la *raisons*, pour ne pas confesser que *Paris* est le grand *bureaux* des *merveille*, le *centre* du bon *goûts*, du bel *esprit*, de la *galanteries*. J'ai les *jambes* et les *genous* enflés. Les *coucou* sont des *oiseau* qu'on n'entend ordinairement qu'au *printemps*.

23. La *servante* a oublié de mettre les *verrou* : des *voleur* sont entrés dans la *cours*, et y ont volé une *douzaine* de *licou* ; ils sont ensuite descendus dans la *cave* par les *soupirails*, où ils ont percé des *trou* à plusieurs *tonneau* pour en tirer de la *bière* et du *vins* ; des *matou* du voisinage nous ayant éveillés par leurs *cri*, le *domestique* s'est levé, et, en regardant par la *lucarnes*, il a aperçu trois *homme* qui couraient à toutes *jambes* ; alors, tout étonné, il crie aux *voleur*, prend une *fourche*, court après eux, mais inutilement : les *voleur* sont déjà loin.

———

Exercices pour apprendre à distinguer les noms des autres mots : en indiquer le genre.

24. L'ignorance peut être appelée la nuit de l'esprit ; et cette nuit n'a ni lune ni étoiles. L'histoire, la géographie et les mathématiques sont des sciences nécessaires. Louis-le-Grand, fils de Louis-le-Juste, eut Henri-le-Grand pour aïeul. La clémence, la sagesse et la valeur sont, dans un prince, de plus beaux ornements que les pierreries.

25. De grands événements et de grandes

révolutions suivirent la mort de César. Les éclipses de soleil paraissent à quelques bonnes gens des présages de malheur. Le Roi a fait des présents à tous les officiers généraux de l'armée. Le pot d'argent est sur la fenêtre du vestibule, ou sur la table dans le parloir.

26. Il donne, toutes les semaines, aux pauvres, du pain, de la viande, du vin, de la bière et des fruits. La Tamise est une belle rivière d'Angleterre ; mais elle n'est pas comparable à la Seine. Un volcan est une montagne dont l'intérieur renferme des matières combustibles qui s'enflamment spontanément, et dont l'éruption, accompagnée de cendres et de pierres, a lieu à des époques plus ou moins rapprochées.

27. Le plateau est la partie élevée du terrain d'un continent, d'où partent, comme des rayons, les chaînes de montagnes. Le chevalier Bayard reçut, à la retraite de Rebec, un coup de mousquet qui lui cassa l'épine du dos. Il tomba en s'écriant : Jésus, mon Dieu! je suis mort ! Il fit un acte de contrition, baisa la croix de son épée ; et, ne trouvant pas là de chapelain, il se confessa à son écuyer.

CHAPITRE II.

SECONDE ESPÈCE DE MOTS.

L'Article.

L'*Article* est un petit mot que l'on met

devant les noms communs, et qui en fait connaître le genre et le nombre.

Nous n'avons qu'un article *le, la,* au singulier ; *les,* au pluriel. *Le* se met devant un nom singulier masculin, *le père ; la* se met devant un nom singulier féminin, *la mère ; les* se met devant tous les noms pluriels, soit masculins, soit féminins, *les pères, les mères.*

Ainsi, l'on connaît qu'un nom est du genre masculin, quand on peut mettre *le* devant ce nom : on connaît qu'un nom est du genre féminin, quand on peut mettre *la.*

Il y a deux remarques à faire sur l'article.

Première remarque. On retranche *e* dans le mot *le,* on retranche *a* dans *la,* quand le mot suivant commence par une voyelle, ou une *h* muette.

Ainsi l'on dit *l'argent* pour *le argent, l'histoire* pour *la histoire ;* mais alors on met à la place de la lettre retranchée cette petite figure ('), qu'on appelle *apostrophe.* (*Voyez* de l'A-postrophe.)

Exercices, nᵒˢ 28, 29, 30, 31.

Deuxième remarque. Pour joindre un nom à un mot précédent, on met *de* ou *à* devant ce nom ; *fruit* de *l'arbre ; utile* à *l'homme.*

Alors, au lieu de mettre *de le* devant un nom masculin singulier qui commence par une consonne, on met *du.* Au lieu de *à le,* on met *au.*

Devant un nom pluriel, *de les* se change en *des ; à les* se change en *aux. Exemple :*

SINGULIER MASCULIN.

le Père.

Maison *du* Père, pour *de le* Père.
Je plais *au* Père, pour *à le* Père.

PLURIEL MASCULIN.

les Pères.
Maison *des* Pères, pour *de les* Pères.
Je plais *aux* Pères, pour *à les* Pères.

Au contraire, *de* et *à* devant *la* ne se changent jamais. *Exemple :*

SINGULIER FÉMININ.

la Mère.
de la Mère.
à la Mère.

PLURIEL FÉMININ.

les Mères.
des Mères, pour *de les* Mères.
aux Mères, pour *à les* Mères.
Éxercices, nᵒˢ 32, 33, 34, 35, 36, 37, 38, 39, 40.

Exercices sur l'article.

Noms avant lesquels l'écolier mettra *le*, *la*, *l'* ou *les*.

28. Prince, princesse, duc, duchesse, lion, lionne, perroquet, perruche, canard, cane, patrons, sultans, testateurs, chapon, poularde, oie, abricot, oiseau, pomme, poire, cerise, prunes, avocat, allée, ognons, Anglais, outil, ouvrages, étoile, règle, crayon, plume.

29. Hallier, hâle, haloir, halot, halte, hamac, hameau, hameçon, hanche, hangar, hanneton, hacquenée, haquet, haras, hardes, hardiesse, hareng, harangère, haricot, haridelle, harmonie, harnais, harpe, hart.

30. Habileté, habillement, habit, habitant, habitation, habitude, hâblerie, hâbleur, hâbleuse, hache, hachereau, hachette, hachure, haha, haie, haillon, haine, haire, halbran,

haleine , halenée , hallage , halle , hallebarde , hallebreda.

31. Feuille , branche , tronc , racines , fenêtre , étang , étau , oubli , hasard , hase , hâte , hâtiveau , haut , hautbois , hauteur , haveron , havre-sac , hébreu, muraille , utilité, fauvette , cheveu , épaule , baratte , ami , héraut , herbe , herbette , hère , hérésie , entraves , hémisphère, hectolitre , oui (1) , onze , huit.

Noms avant lesquels l'écolier mettra *du, de la, de l'* ou *des*.

32. Babillard , babiole , badaud , bagatelle, bague , baguette , abbaye , abbé , abcès , abondance , canon , camp , compagnon , compagne , canton , panier , arc , as , étrennes , éloges , louanges.

33. Hérétique , hérisson , héritage , héritier , héritière , héroïne , héroïsme , héros , héron , herse , hêtre , heure , heures , heurt , heurtoir , hiatus , hibou , hideur , hie , hirondelle , histoire , demoiselle , Dauphin , dé , parterre , avantage , épingle , épis.

34. Historien, historiette , histrion , hiver, hoche , hochequeue , eau , ébats , ébauche , échaudé , frêne , chênes , piquet , Hollande , Hollandais , potage , jardinier, Hollandaise , homicide , hommage , nuages , briques , tuiles , artiste.

35. Ouverture , fromage , force , matériaux,

---

(1). On n'élide pas avant *oui , onze , huit.*

'homme , hommeau , honnêteté, déclaration , partage , lignes , honte, hôpital, hoquet, hoqueton , hordes , instruction, langue , bouquet, carrosse, carriole, légume , outrage, charrette , chansons.

36. Horison , horloge , dessins , brochet , griffes , armes , ange , horloger , horlogerie, horreur , hospice , joyau , croûte, hospitalité, hostie, percepteur , précepteur , hostilité, houblon , possession , hôte , poteau , hôtesse , houe.

Noms avant lesquels l'écolier mettra *au* , *à la, à l'* ou *aux.*

37. Menton, bruit, éventail, nageoire, poisson , personne, chapeau, emploi, abeilles , hôtellier, hôtellerie, hotte, hottée, hotteurs , houblonnières , haire , coup , jougs , prune , houille , houlette, lambeau, cicatrice, astre.

38. Canne, bâton, houppe, hourdage, échine, houret, houssaie , hussard , destin , temples , poule, houssine, houssoir, crinière, jument, notes , houx , huche, tête, assiette, girouette, huée , huguenot, huile , hydropote.

39. Huillier , huissier , huit , onze , oui, vaisselle, usage, jour , huitaine , étude, soleil, lune, huitième, huître, hulotte, merveille , limon , linge , linceul, lin , joujous , joue, humains , humanité , humeur, compagnon , compagne, arbalète , hydre.

40. Occasion, négoce, neige, hymne, obsèques, navet, navette, hydromel, humidité,

humiliation, corde, rempart, remède, humilité, hune, terreau, hupe, hure, selle, sel, semoir, hyène, semaille, hurlement, hutte, mâchoire, magasin, renvoi.

CHAPITRE III.

TROISIÈME ESPÈCE DE MOTS.

L'Adjectif.

L'*Adjectif* est un mot que l'on ajoute au nom pour marquer la qualité d'une personne ou d'une chose, comme *bon* père, *bonne* mère ; *beau* livre, *belle* image : ces mots, *bon*, *bonne*, *beau*, *belle*, sont des adjectifs joints aux noms *père*, *mère*, etc.

On connaît qu'un mot est adjectif, quand on peut y joindre le mot *personne* ou *chose* : ainsi, *habile*, *agréable*, sont des adjectifs, parce qu'on peut dire *personne habile*, *chose agréable*.

Exercices pour apprendre à distinguer les adjectifs des autres mots.

L'écolier, en copiant, soulignera les adjectifs.

41. Il était également zélé pour une bonne cause, et pour une mauvaise. Aldolphe est plus savant que son père ; mais il n'est pas aussi instruit que son oncle. C'est l'homme le plus méchant qui existe sur la terre. Cette femme est la plus sage que je connaisse. Il porte un chapeau noir, une veste bleue, des bas verts et des souliers rouges.

42. Cet auteur s'applique à être bizarre, bourru, grossier, avec autant de soins que d'autres à être amusants; gais et polis. Le loup est un animal féroce; le castor est un animal fort doux; l'ours est un animal très-laid. La religion chrétienne est vraie, sainte et consolante.

43. La France est un pays délicieux. La flotte a fait beaucoup de prises riches; mais le partage des pauvres matelots ne sera pas grand'chose. L'habit du sergent était rouge, mais les habits des soldats étaient blancs. Ce gouvernement est ruiné : son armée est battue, ses finances sont dérangées, sa flotte est anéantie.

Du féminin dans les adjectifs.

Les adjectifs ont les deux genres, *masculin* et *féminin*. Cette différence de genres se marque ordinairement par la dernière lettre.

Comment se forme le féminin dans les Adjectifs?

Règle générale. Quand un adjectif ne finit point par un *e* muet, on y ajoute un *e* muet pour former le féminin : *prudent, prudente; saint, sainte; méchant, méchante; petit, petite; grand, grande; poli, polie; vrai, vraie,* etc.

Première exception. Les adjectifs suivants : *cruel, pareil, fol, mol, ancien, bon, gras, gros, nul, net, sot, épais,* etc. doublent au féminin leur dernière consonne avec l'*e* muet : *cruelle, pareille, folle, molle, ancienne, bonne*, *grasse*, *grosse*, *nulle*, *nette*, *sotte*, *épaisse*.

Beau et *nouveau* font au féminin *belle*, *nouvelle*, parce qu'au masculin on dit aussi *bel*, *nouvel*, devant une voyelle ou une *h* muette ; *bel oiseau*, *bel homme*, *nouvel appartement*.

Deuxième exception. Blanc, *franc*, *sec*, *frais*, font au féminin *blanche*, *franche*, *sèche*, *fraîche*.

Public, *caduc*, font *publique*, *caduque*.

Troisième exception. Les adjectifs, *bref*, *naïf*, font au féminin, *brève*, *naïve*, en changeant *f* en *v*.

Quatrième exception. Malin, *benin*, font *maligne*, *benigne* ; *long* fait *longue*.

Cinquième exception. Les adjectifs en *eur* font ordinairement leur féminin en *euse* : *trompeur*, *trompeuse* ; *parleur*, *parleuse* ; *chanteur*, *chanteuse* ; cependant *pécheur* fait *pécheresse* ; *acteur* fait *actrice* ; *protecteur* fait *protectrice*.

Sixième exception. Les adjectifs terminés en *x* se changent en *se* : *dangereux*, *dangereuse* ; *honteux*, *honteuse* ; *jaloux*, *jalouse*, etc. ; cependant *doux* fait *douce* ; *roux* fait *rousse*.

Exercices sur la formation du féminin dans les adjectifs.

Adjectifs dont l'écolier formera le féminin.

44. Utile, agréable, prudent, savant, méchant, petit, laid, grand, mauvais, niais, gai, joli, sourd, faible, fort, mince, court, saint,

noir, brun, gris, bleu, vert, rouge, jaune, charmant, clair, obscur, étroit, préfix, perplexe.

45. Cruel, mortel, véniel, sensuel, pareil, vermeil, bon, fripon, glouton, ancien, païen, gros, gras, las, sot, vieillot, épais, net, douillet, complet, secret, discret, certain, avare, capable, innocent, négligent, friand, allié, créé, agréé, sujet, mignon.

46. Bref, naïf, actif, veuf, blanc, caduc, nouveau, franc, turc, beau, frais; jumeau, neuf, sec, jouvenceau, craintif, public, long, grec, exprès, bas, ras, égal, fidèle, Isabelle, rebelle, tranquille, imbécile, civil, utile, viril, pluriel, masculin, enclin, singulier.

47. Malin, bénin, trompeur, voleur, parleur, chanteur, pécheur, enchanteur, vengeur, protecteur, lecteur, acteur, bienfaiteur, majeur, mineur, meilleur, inférieur, supérieur, extérieur, citérieur, porteur.

48. Honteux, pieux, vertueux, dangereux, heureux, vieux, jaloux, faux, roux, doux, fou, mou, vicieux, aigu, instruit, oblong, postérieur, danseur, menteur, accusateur, tuteur, bel, nouvel, doucereux, moindre, pire, tortu.

Récapitulation de la formation du féminin dans les adjectifs.

49. Hostile, incivil, perpétuel, essentiel, gentil, gras, exprès, nouveau, vieux, turc, grec, frais, malin, enclin, indiscret, faux,

tors , concret , peureux , instructif , prieur ,
long , paysan , favori , douteux , doux , dissipateur , jaloux , fou , bel , mou , bénin , nouvel.

Comment se forme le pluriel dans les Adjectifs?

Le pluriel dans les adjectifs se forme comme
dans les noms, en ajoutant *s* à la fin : *bon ,
bonne :* au pluriel, *bons , bonnes , etc.*

Mais la plupart des adjectifs qui finissent par
al , n'ont pas de pluriel masculin , comme
*filial , fatal , frugal , pascal , pastoral , na-
val , trivial , vénal , littéral , conjugal , austral , boréal , final.*

---

*Exercices sur la formation du pluriel dans
les adjectifs.*

Adjectifs singuliers à mettre au pluriel.

50. Grand, grande, frais, bas, faux , jaloux, préfix, beau, nouveau, jumeau, mou,
fou, heureux, joyeux, exclusif, sensible, petit,
vieux, sensé, vraie, modérée, récréée, agréée,
aveuglé, franc, franche, tout, bel, nouvel, nouvelle, belle, bleu.

51. Général, générale, égal, égale, moral,
morale, capitale, capital, royal, royale, final,
finale, naval, navale, austral, australe, méri-
dional, méridionale, doux, peureux, las, gros,
septentrional, bleue, exprès, brutal, brutale,
modeste.

Accord des Adjectifs avec les Noms.

Règle. Tout adjectif doit être du même genre et du même nombre que le nom auquel il se rapporte.

Exemples : Le bon père, la bonne mère : bon est du masculin et du singulier, parce que *père* est du masculin et du singulier : *bonne* est du féminin et du singulier, parce que *mère* est du féminin et du singulier. *De beaux jardins, de belles fleurs :* beaux est du masculin et au pluriel, parce que *jardins* est du masculin et au pluriel, etc.

Quand un adjectif se rapporte à deux noms singuliers, on met cet adjectif au pluriel, parce que deux singuliers valent un pluriel.

Exemple : Le roi et le berger sont égaux après la mort (et non pas *égal*).

Si les deux noms sont de différents genres, on met l'adjectif au masculin.

Exemple : Mon père et ma mère sont contents (et non pas *contentes*).

Quant à la place des adjectifs, il y en a qui se mettent devant le nom, comme *beau* jardin, *grand* arbre, etc. D'autres se mettent après le nom, comme *habit* rouge, *table* ronde, etc. L'usage est le seul guide à cet égard.

Exercices sur l'accord des adjectifs avec les noms.

Adjectifs à faire accorder.

52. Un pot cassé, une cruche cassé ; du vin

pur, de l'eau pur; du pain moisi, de la croûte moisi; un habit bleu, des habits bleu, une veste bleu, des vestes bleu; le bas troué, les bas troué, la chemise troué, les chemises troué; une cerise mûr, des fruits mûr, un fruit mûr, des cerises mûr.

53. Le mari et la femme malade; la nièce et la tante occupé; la joue et la gorge enflé; le verre et la bouteille cassé; les cheveux et la barbe noir; la maîtresse et la servante poli; le cousin et la cousine joli; la tonne et la cuve rempli; le cheval et la cavale isabelle.

54. Ces gens-là sont envieux et jaloux. Voilà de beau bijous. Tous les hommes ne sont pas égal. C'est une sot entreprise. Il n'y a nul vérité dans tout cela. La loi est exprès sur ce point. Il vit dans une mol oisiveté. La peinture de ce lambris n'est pas sec. Il est d'une humeur bénin. Ces fruits sont excellent.

55. Le mari et la femme sont malade. Les hommes et les femmes de ce pays sont cruel et avare. Mon père et ma sœur sont gai. Elle a le cou et le visage charmant. La chambre, le cabinet, la boîte et le coffre étaient ouvert. La noblesse, la grandeur, la faveur et les richesses sont caduc; mais la gloire, l'honneur, le bon naturel et la vertu sont solide, sûr et durable.

56. La meilleure qualité qu'un homme puisse avoir, c'est d'être civil et obligeant envers les personnes les plus incivil et les plus désobligeante. Voilà le plus beau homme que je connaisse. Notre nouveau hangar a été incendié la

semaine passé. Le Parnasse et l'Hélicon sont les deux montagnes favori des poètes.

57. Les meilleurs remèdes sont toujours amer, et les antidotes sont moins agréable au goût que les poisons. Son impétuosité et son courage long-temps enchaîné, surmontèrent bientôt tous les obstacles. Ce beau arbre a été vendu trois cents francs. Il gouverne avec une autorité et un pouvoir absolu. L'honnêteté et l'amabilité, la politesse et la bonté réuni.

58. Les hommes confiant et généreux sont généralement humain, tendre et bienfaisant; mais les hommes vil sont ordinairement dur, cruel et insolent, lorsqu'ils ont du pouvoir. Celui qui respecte les lois divine et les lois humaine, n'a rien à craindre des méchants. Les réflexions pieuse allègent, dans une âme droite, les maux les plus cruel.

59. Nous imitons les bonne actions par émulation, et les mauvaise par notre malice naturel, que le respect humain tenait captif, et que l'exemple met en liberté. A qui appartient ce nouveau étui ? Son désintéressement et sa modestie ont été admiré. Les petit génies sont naturellement grand parleurs. Je mettrai mon plus beau oiseau dans mon plus beau appartement.

Régime des Adjectifs. (*)

Règle. Pour joindre un nom à un adjectif

(*) La manière d'accorder un mot avec un autre mot, ou

précédent, on met *de* ou *à* entre cet adjectif et le nom : alors on appelle ce nom le *régime* de l'adjectif.

Exemples : Digne de récompense, content de son sort, utile à l'homme, semblable à son père, propre à la guerre. Récompense est le régime de l'adjectif *digne,* parce qu'il est joint à cet adjectif par le mot *de.* L'homme est le régime de l'adjectif *utile,* parce qu'il est joint à cet adjectif par le mot *à.*

Exercice sur le régime des adjectifs.

L'écolier remplacera le trait (—) par le mot *à* ou *de* que demande l'adjectif.

Avide — richesses. Absent — Paris. Agréable — la vue. Aisé — faire. Cher — sa famille. Chéri—ses parents. Content—lui. Fier—votre amitié. Couronne—épine. Contraire—la santé. Ennemi — travail. Enclin — vice. Fidèle — ses amis. Fou — moi. Indigne — pardon. Avare— louanges.

Degrés de signification dans les Adjectifs.

On distingue dans les adjectifs trois degrés de signification : le *positif,* le *comparatif* et le *superlatif.*

Le *positif* n'est autre chose que l'adjectif même, comme, *beau, belle, agréable.*

de faire régir un mot par un autre mot, s'appelle *syntaxe :* ainsi, la syntaxe est la manière de joindre les mots ensemble. Il y a deux sortes de syntaxe : la syntaxe d'*accord,* par laquelle on fait accorder deux mots en genre, en nombre, etc. ; la syntaxe de *régime,* par laquelle un mot régit *de* ou *à* devant un autre mot.

Le *comparatif* exprime la comparaison : quand on compare deux choses, on trouve que l'une est ou supérieure à l'autre, ou inférieure à l'autre, ou égale à l'autre.

Pour marquer un comparatif de *supériorité*, on met *plus* devant l'adjectif, comme *la rose est* plus *belle que la violette.*

Pour marquer un comparatif d'*infériorité*, l'on met *moins* devant l'adjectif, comme *la violette est* moins *belle que la rose.*

Pour marquer un comparatif d'*égalité*, on met *aussi* devant l'adjectif, comme *la rose est* aussi *belle que la tulipe.*

Le mot *que* sert à joindre les deux choses que l'on compare.

Nous avons trois adjectifs qui expriment seuls une comparaison : *meilleur* au lieu de *plus bon*, qui ne se dit pas ; *moindre* au lieu de *plus petit* ; *pire* au lieu de *plus mauvais* : comme *la vertu est* meilleure *que la science*, *le mensonge est* pire *que l'indocilité.*

Le *superlatif* exprime la qualité dans un très haut degré, ou dans le plus haut degré. Pour former le superlatif, on met *très* ou *le plus*, devant l'adjectif : comme *Paris est une* très *belle ville*, et alors le superlatif s'appelle *absolu* ; ou *Paris est* la plus *belle des villes*, et ce superlatif s'appelle *relatif*, parce qu'il marque un rapport aux autres villes.

Exercices sur les degrés de signification dans les adjectifs.

Adjectifs dont l'écolier indiquera le degré de signification.

60. Poli, plus prudent, aussi instruit, moins aimable, très-sensible, le plus sensé, tortu.

61. Cruel, moins bon, meilleur, aussi bon, le meilleur, très-bon, mauvais, pire, le pire, moins mauvais, aussi mauvais.

62. Petit, moindre, le moindre, fort petit, très-petit, aussi intelligent, épais, très-puissant, aussi grasse, plus craintive, moins beau.

63. La plus gentille, la moindre, les pires, des meilleurs, aux plus grands, du moindre, de la pire, à la meilleure.

Noms et Adjectifs de nombre.

Les noms de nombre sont ceux dont on se sert pour compter.

Il y en a de deux sortes : les noms de nombre *cardinaux*, et les noms de nombre *ordinaux*.

Les noms de nombre *cardinaux* sont : *un, deux, trois, quatre, cinq, six, sept, huit, neuf, dix, onze, douze, treize, quatorze, quinze, seize, dix-sept, dix-huit, dix-neuf, vingt, trente, quarante, cinquante, soixante, quatre-vingts, cent, mille, etc.*

Les noms de nombre *ordinaux* se forment des cardinaux; ces noms sont : *premier, second, troisième, quatrième, cinquième, sixième, septième, huitième, neuvième, dixième, etc.*

Il y a encore des noms de nombre qui servent à marquer une certaine quantité, comme une *dixaine*, une *douzaine*, etc.

Il y en a encore d'autres qui marquent les parties d'un tout, comme la *moitié*, le *tiers*, le *quart*, etc.

Enfin, il y en a qui servent à multiplier, comme le *double*, le *triple*, etc.

Exercices sur les noms de nombre.

Nombres cardinaux dont l'écolier formera les Nombres ordinaux.

64. Un, deux, trois, quatre, cinq, six, sept, huit, neuf, dix, onze, douze, dix-sept, dix-neuf, vingt, vingt et un, vingt-neuf, trente, trente-cinq, trente-neuf, quarante et un, une, cent cinq, deux cent dix-neuf.

CHAPITRE IV.

QUATRIÈME ESPÈCE DE MOTS.

Le Pronom.

LE *Pronom* est un mot qui tient la place du nom.

Pronoms personnels.

Les pronoms *personnels* sont ceux qui désignent les personnes.

Il y a trois personnes : la première personne est celle qui parle ; la seconde personne est celle à qui l'on parle ; la troisième personne est celle de qui l'on parle.

Pronom de la première personne.

Ce pronom est des deux genres ; masculin, si c'est un homme qui parle ; féminin, si c'est une femme.

SINGULIER. **Je** *ou* moi.

Me *pour à* moi, moi. { *Le maître* me *donnera un livre,* c'est-à-dire, *donnera* à moi. *Le maître* me *regarde,* c'est-à-dire, *regarde* moi.

PLURIEL. **Nous.**

Pronom de la seconde personne.

Il est des deux genres ; masculin, si c'est à un homme qu'on parle ; féminin, si c'est à une femme.

SINGULIER. **Tu** *ou* toi.

Te *pour* à toi , toi. { *Le maître* te *donnera un livre,* c'est-à-dire, *donnera* à toi. *Le maître* te *regarde,* c'est-à-dire, *regarde* toi.

PLURIEL. **Vous.**

Remarque. Par politesse on dit *vous* au lieu de *tu* au singulier ; par exemple, en parlant à un enfant : *vous* êtes bien aimable.

Pronom de la troisième personne.

SINGULIER. *Masculin.* Il. *Féminin.* Elle.

Lui *pour à* lui, à elle. { *Je* lui *dois le respect,* c'est-à-dire, *je dois* à lui , à elle.

Masculin. Le. { *Je* le *connais*, c'est-à-dire, *je connais* lui.
Feminin. La. { *Je* la *connais*, c'est-à-dire, *je connais* elle.

PLURIEL. *Masculin.* Ils *ou* Eux. *Féminin.* Elles.

Leur *pour* à eux, à elles. { *Je* leur *dois le respect*, c'est-à-dire, *je dois* à eux, à elles.

Les *pour* eux, elles. { *Je* les *connais*, c'est-à-dire, *je connais* eux, elles.

Il y a encore un pronom de la troisième personne, *soi*, *se ;* il est des deux genres et des deux nombres : on l'appelle *pronom réfléchi*, parce qu'il marque le rapport d'une personne à elle - même.

Se *pour* à soi, soi. { *Il* se *donne des louanges*, c'est-à-dire, *il donne* à soi. *Il* se *flatte*, c'est-à-dire, *il flatte* soi.

Il y a encore deux mots qui servent de pronoms : 1°. *En*, qui signifie *de lui*, *d'elle*, *d'eux*, *d'elles* : ainsi, quand on dit, *j'en parle*, on peut entendre, *je parle* de lui, d'elle, *etc.*, selon la personne ou la chose dont le nom a été exprimé auparavant. 2°. *Y*, qui signifie *à cette chose*, *à ces choses*, comme quand on dit : *je m'y applique*, c'est-à-dire, *je m'applique* à cette chose, à ces choses.

Exercices sur les pronoms personnels.

Analyser ces pronoms, en exprimer le genre, le nombre et la personne.

65. Je, tu, il, me, te, elle, moi, nous, toi, vous, ils, elles.

66. Lui, te, leur, le, je, eux, la, toi, les, nous, en, y.

67. Vous, eux, elle, leur, se, ils, soi, moi, te, je, tu, elles.

Règle des pronoms personnels.

Les pronoms, *il*, *elle*, *ils*, *elles*, doivent toujours être du même genre et du même nombre que le nom dont ils tiennent la place : ainsi, en parlant de la tête, dites : elle *me fait mal* ; *elle*, parce que ce pronom se rapporte à *tête* qui est du féminin et au singulier ; et en parlant de plusieurs jardins, dites : ils *sont beaux* ; *ils*, parce que ce pronom se rapporte à *jardins*, qui est du masculin et au pluriel.

Exercices sur la règle des pronoms personnels.

A corriger.

68. La *personne* que vous avez vue assise, jouissait autrefois d'un bien considérable ; *elles* s'est engagée dans de folles dépenses, et maintenant *elles* n'a plus un lit pour s'y reposer. Mon *père* m'aimait si tendrement *qu'ils* ne pensait qu'à moi, *qu'ils* ne s'occupait que de moi, *qu'ils* ne voyait que moi dans l'univers. Prêtez-moi ce *livre* ; je vous *les* rendrai demain. La bonne *grâce* ne gâte rien ; *elles* ajoute à la beauté, relève la modestie, et y donne du lustre.

69. Faites, ô mon Dieu, que je ne sois pas

comme la plupart des *personnes* du monde, qui négligent les *fautes qu'ils* font, pourvu qu'*ils* ne soient pas mortelles. Voilà des *hommes* et des *femmes;* demandez-leur ce *qu'elles* veulent. Ce que cette *femme* disait hier s'adressait à vous. « Je le savais bien, mais j'avais mes raisons pour *le* laisser dire. » Ne me demandez-vous pas mon sentiment ? Pourquoi donc vous fâchez-vous quand je vous *les dis?*

Pronoms adjectifs.

1°. Il y a des pronoms adjectifs (possessifs) qui marquent la possession d'une chose, comme *mon* livre, *votre* cheval, *son* chapeau; c'est-à-dire, le livre *qui est à moi,* le cheval *qui est à vous,* le chapeau *qui est à lui.*

SINGULIER,

Masculin.	Féminin.	Des deux genres.
Mon.	Ma.	Notre.
Ton.	Ta.	Votre.
Son.	Sa.	Leur.

PLURIEL. *Des deux Genres.*

Mes.	Nos.
Tes.	Vos.
Ses.	Leurs.

Première remarque. Ces pronoms sont toujours joints à un nom : *mon livre, ton chapeau.*

Deuxième remarque. Mon, ton, son, s'emploient au féminin devant une voyelle ou une *h* muette : on dit (1) *mon âme* pour *ma âme, ton*

____

(1) On dit de même, *viendra-t-il,* pour *viendra-il? si l'on,* pour *si on :* cette manière de s'exprimer n'est que pour rendre la prononciation plus douce.

humeur pour *ta humeur*, *son épée* pour *sa épée.*

Autre pronom adjectif.

	SINGULIER.		PLURIEL.
Masculin.	*Féminin.*	*Masculin.*	*Féminin.*
Le mien.	La mienne.	Les miens.	Les miennes.
Le tien.	La tienne.	Les tiens.	Les tiennes.
Le sien.	La sienne.	Les siens.	Les siennes.

Des deux Genres.

Le nôtre.	La nôtre.	Les nôtres.
Le vôtre.	La vôtre.	Les vôtres.
Le leur.	La leur.	Les leurs.

---

*Exercices sur les pronoms adjectifs
(possessifs).*

Mettez *mon*, *ma* ou *mes*, avant les noms où il y a m;
ton, *ta* ou *tes* avant ceux où il y a t; etc.

70. *M.* couteau, *t.* mouchoir, *s.* chien; *m.* maison, *t.* chaise, *s.* chienne; *m.* étoffe, *t.* idée, *s.* épouse; *m.* brosses, *t.* verres, *s.* boîtes; *n.* chagrin, *v.* clef, *l.* chaloupe, *n.* manchons, *v.* ouvrages, *l.* outils; *m.* carrosse, *t.* arbalète, *s.* oiseaux; *m.* enfance, *t.* épée, *s.* esprit.

71. *M.* hangar, *t.* houblon, *s.* hanneton; *m.* habitude, *t.* herse, *s.* haine; *t.* hymne, *m.* hydromel, *s.* hure; *s.* hurlement, *t.* humilité, *m.* hulotte; *l.* maux, *v.* huîtres, *n.* huissiers; *v.* oncle, *n.* tante, *l.* cousin; *m.* hourdage, *t.* houe, *s.* hottée; *m.* honoraires, *t.* hommages, *s.* œuvres.

72. *N.* horloges, *v.* horloger, *l.* habitation; *m.* hôtel, *t.* hochequeue, *s.* honte; *t.* histo-

riette, *s.* hie, *m.* hirondelle; *m.* heures, *t.* hêtre, *s.* héritière, *n.* oreilles, *v.* enfant, *l.* fa-
milles; *v.* généraux, *t.* mouchettes, *s.* hauteur, *t.* hardiesse, *m.* héron; *t.* étable, *s.* éva-
sion, *m.* ennemis.

73. *L.* héroïne, *s.* héroïsme, *m.* intention;
v. instances, *n.* baraltes, *l.* hachure; *v.* domestiques, *n.* barrière, *l.* veaux; *m.* hache, *t.* haleine, *s.* hameau; *m.* chapeaux, *t.* haquenée,
s. hanche; *n.* habits, *v.* tuiles, *l.* étaux; *m.*
travaux, *t.* hardiesse, *s.* action.

A corriger.

74. Est-ce votre *humeur* ou la *siennes* qui
vous empêche de vivre ensemble? Si c'est la
vôtres, tâchez d'y apporter remède. Vous dites
que je n'ai pas une grande *patience;* montrez-
moi *la vôtres : la miennes* est au moins aussi
grande que *la vôtres.* Ses *chevaux* ne sont pas
aussi beaux que *les vôtre.* Leur *carrosse* et *la
mienne* sont restés à la campagne. Tous les
tableaux que nous attendions de Rome sont
endommagés; mais *les vôtre, les sien* et *les
mien* sont en bon état.

———

2°. Il y a des pronoms adjectifs (démonstratifs) qui servent à montrer la chose dont on
parle, comme quand je dis : *ce* livre, *cette*
table, je montre un *livre,* une *table.*

SINGULIER.		PLURIEL.	
Masculin.	*Féminin.*	*Masculin.*	*Féminin.*
Ce, Cet.	Cette.	Ces.	Ces.
Celui.	Celle.	Ceux.	Celles.
Celui-ci.	Celle-ci.	Ceux-ci.	Celles-ci.
Celui-là.	Celle-là.	Ceux-là.	Celles-là.
Ceci, Cela.			

On met *ce* devant les noms qui commencent par une consonne ou une *h* aspirée : *ce* village, *ce* hameau : on met *cet* devant une voyelle ou une *h* muette : *cet* oiseau, *cet* homme.

Celui-ci, celle-ci, s'emploient pour montrer des choses qui sont proches : *celui-là, celle-là*, pour montrer des choses éloignées.

———

Exercices sur les pronoms adjectifs
(démonstratifs).

Noms avant lesquels l'écolier mettra *ce*, *cet*, *cette* ou *ces*.

75. Mot, phrase, voyelle, cheveux, tête, front, visage, sourcils, science, garçon, écolier, fille, écolière, instant, étoile, étang, chêne, chaîne, bataille, journaux, tribunal, adieu, œuf, emploi, jambe, jambon, empire, écuelle, recueil, cercueil, merveilles.

76. Homme, histoire, herbe, hôtellerie, haine, harangues, herse, habillement, hache, houlette, habit, houblon, hamac, hameçon, héron, honneur, hêtre, héron, hiatus, horlogerie, horloger, harangère, hune, hirondelle.

77. Hottée, hôte, livre, ameublement, harpe, hase, légume, ours, ourse, lièvres,

coq, poule, paon, paonne, âne, ânesse, cerf, biche, bélier, brebis, housse, outrage, ouvrage, espérance, éloge, hallebarde, échanson, hareng, oubli, hulotte.

78. Etui, syllabe, thème, hérisson, offre, incendie, hennissement, article, écritoire, hydre, espace, indice, angoisse, as, ornière, orgueil, obélisque, intervalle, alcove, cimetière, légume, habitude, houe, hôpitaux, bague, bijou.

A corriger.

79. La *figure* de cette dame ressemble à *celles* de son frère. L'*opinion* des savants devrait être préférée à *celui* des ignorants. Les *maladies* de l'âme sont plus dangereuses que *celle* du corps. Voyez-vous ces *livres?* prenez *celui*-ci, et je prendrai *celle*-là. Cette *bière*-ci est meilleure que *celles*-là, et je ne saurais dire pourquoi; car il y a autant de drèche dans *celle*-là que dans *celles*-ci.

Pronoms relatifs.

Il y a des pronoms *relatifs*, c'est-à-dire, qui ont rapport à un nom qui est devant; comme quand je dis: *Dieu* qui *a créé le monde;* qui se rapporte à *Dieu : le livre* que *je lis ; que* se rapporte à *livre :* le mot auquel *qui* ou *que* se rapporte, s'appelle *antécédent.* Dans les deux exemples ci-dessus, *Dieu* est l'antécédent du pronom relatif *qui ; livre* est l'antécédent du pronom relatif *que.*

Qui
Dont ou de qui } *des deux genres et des deux nombres.*
Que

Règle du Qui ou Que relatif.

Qui ou *que relatif* s'accorde avec son anté-cédent en *genre*, en *nombre* et en *personne*; ainsi, dans cet exemple : *l'enfant* qui *joue*; *qui* est du singulier et de la troisième personne, parce que *l'enfant* est du singulier et de la troi-sième personne ; il est du masculin, si c'est un petit garçon qui joue ; il est du féminin, si c'est une petite fille.

Pronoms interrogatifs.

Il y a des pronoms *interrogatifs* : qui ? *quel? quelle ?* comme quand on dit : qui *a fait cela ?* que *vous dirai-je ? Qui* ou *que* est in-terrogatif, quand il n'a point d'antécédent, et qu'on peut le tourner par *quelle personne* ou *quelle chose.* Dans les deux exemples ci-dessus on peut dire : *quelle personne* a fait cela? *quelle chose* vous dirai-je ?

Pronoms indéfinis, c'est-à-dire, qui signi-fient d'une manière générale.

Il y a quatre sortes de pronoms *indéfinis.*

1°. Ceux qui ne se joignent jamais à un nom, comme : *on, quelqu'un, quelqu'une, quicon-que, chacun, chacune, autrui, personne, rien.* Quand je dis : on *frappe à la porte :* quel-qu'un *vous appelle;* je parle d'une personne, mais je ne désigne pas quelle elle est.

2°. Ceux qui sont toujours joints à un nom, comme : *quelque, chaque, quelconque, cer-*

tain, certaine ; exemples : *quelque* nouvelle, *certain* auteur.

3°. Ceux qui sont tantôt joints à un nom et tantôt seuls, comme : *nul, nulle ; aucun, aucune ; l'un, l'autre ; même ; tel, telle ; plusieurs ; tout, toute.*

4°. Ceux qui sont suivis de *que,* comme : *qui* que ce soit, *quoi* que ce soit, *quel, quelle* que ; par exemple : *quel* que soit votre mérite, *quelle* que soit votre fortune. *Quoi* que ; par exemple : *quoi* que vous fassiez. *Quelque...* que ; par exemple : *quelques* richesses que vous ayez. *Tout...* que, *toute...* que ; par exemple : *tout* savant que vous êtes, la campagne *toute* belle qu'elle est.

---

*Exercices sur les pronoms relatifs,
interrogatifs, indéfinis.*

Analyse où l'écolier exprimera le genre, le nombre et la personne de chaque pronom.

8o. Moi qui ; vous dont ; eux qui ; elle que ; la femme que ; le garçon qui ; les oiseaux que ; les plumes dont ; on.

81. Elles dont ; celui que ; l'encrier qui ; toi dont ; la pomme que ; nous qui ; les affaires que ; ceux qui ; autrui.

82. La maladie que ; qui *parle*(1)? Que *dites*-vous? celles qui ; l'homme *de* qui ; les racines que ; la dame *à* qui ; vous dont.

83. Quiconque ; que *demande-t-on?* qui

---

(1) On n'analyse pas les mots en italiques.

chante? rien; le lièvre que; chacun; personne...
ne; quoi que; quelconque.

Analyse des différentes sortes de pronoms: en exprimer
le genre, le nombre et la personne.

84. *C'est* moi qui leur *ai dit* ceci. Que *veut-*
on? *Demandez*-lui s'il *préfère* celle-ci à celle-
là. Chacun *songe à soi*. Tu en *parles*.

85. Qui *demande-t-*elle! *C'est* toi que nous
connaissons. Ce *fut* nous qui *fîmes* cela. Il la
respecte. *C'était* vous qui lui *parliez*. Elles
sont celles à qui ils *ont écrit*.

86. Chacune *d'*elles *préfère* celui-ci à celui-
là. Votre livre *et* le mien *sont* ceux qu'on *es-*
time. Ce *sont* elles qui se *sont flattées*.

87. Mon écritoire *et* la leur *sont* celles qu'il
achetera. Tes amis *et* les siens *seraient*-ils ar-
rivés? Pensez-vous à son affaire? J'y *pense*.

CHAPITRE V.

CINQUIÈME ESPÈCE DE MOTS.

Le Verbe.

LE *Verbe* est un mot dont on se sert pour
exprimer que l'on est, ou que l'on fait quelque
chose : ainsi le mot *être*, *je suis*, est un verbe;
le mot *lire*, *je lis*, est un verbe.

On connaît un verbe en français quand on
peut y ajouter ces pronoms, *je*, *tu*, *il*, *nous*,
vous, *ils*; comme : je *lis*, tu *lis*, il *lit*; nous
lisons, vous *lisez*, ils *lisent*.

Les pronoms *je, nous*, marquent la première personne, c'est-à-dire, celle qui parle; *tu, vous*, marquent la seconde personne, c'est-à-dire, celle à qui l'on parle; *il, elle, ils, elles*, et tout nom placé devant un verbe, marquent la troisième personne, c'est-à-dire, celle de qui l'on parle.

Il y a dans les verbes deux nombres; le *singulier*, quand on parle d'une seule personne, comme : *je lis, l'enfant dort;* le *pluriel*, quand on parle de plusieurs personnes, comme : *nous lisons, les enfants dorment.*

Il y a trois temps, le *présent*, qui marque que la chose est ou se fait actuellement, comme : *je lis;* le *prétérit* ou *passé*, qui marque que la chose a été faite, comme : *j'ai lu;* le *futur*, qui marque que la chose sera ou se fera, comme : *je lirai.*

On distingue plusieurs sortes de prétérits ou passés, savoir, un *imparfait*, *je lisais;* trois *parfaits, je lus, j'ai lu, j'eus lu;* et un *plus-que-parfait, j'avais lu.*

On distingue aussi deux futurs : le futur *simple, je lirai;* et le futur *passé, j'aurai lu.*

Il y a cinq *modes* ou manières de signifier dans les verbes français.

1°. L'*indicatif*, quand on affirme que la chose est, ou qu'elle a été, ou qu'elle sera.

2°. Le *conditionnel*, quand on dit qu'une chose serait, ou qu'elle aurait été, moyennant une condition.

3°. L'*impératif*, quand on commande de la faire.

·4°. Le *subjonctif*, quand on souhaite, ou qu'on doute qu'elle se fasse.

5°. L'*infinitif*, qui exprime l'action ou l'état en général, sans nombre, ni personne, comme *lire*, *être*.

Réciter de suite les différents modes d'un verbe avec tous leurs temps, leurs nombres et leurs personnes, cela s'appelle *conjuguer*.

Il y a en français quatre conjugaisons différentes, que l'on distingue par la terminaison de l'infinitif.

La première conjugaison a l'infinitif terminé en *er*, comme *aimer*.

La seconde a l'infinitif terminé en *ir*, comme *finir*.

La troisième a l'infinitif terminé en *oir*, comme *recevoir*.

La quatrième a l'infinitif terminé en *re*, comme *rendre*.

Exercices sur le verbe.

Analyse où l'écolier indiquera le mode, le temps, la personne, le nombre et la conjugaison de chaque verbe.

88. Je pense, tu chantais, il mangea, nous avons pâli, vous eûtes terni, ils avaient joué, je soulèverai, tu auras rougi.

89. Il percerait, nous balancerions, vous auriez reçu, ils eussent frappé, reçois, saluons, *que* je fende, *que* tu blâmes, *qu'*il tonde

90. *Qu'*elle bénisse, *que* nous excitassions *que* vous ayez songé, *qu'*elles eussent vendu, avouer, achevant, avoir régi, tombé, devant, sortir.

91. Ils bénissent, je pâlis, tu recules, il languissait, vous régissiez, elles ternirent, nous tendîmes, j'eus plu, tu avais dû.

92. Il attendra, nous sentirions, tu joueras, vous aurez perçu, ils auraient dormi, j'eusse emporté, attelle, jetons, blanchissez.

93. *Que* nous attendrissions, *que* vous bégayassiez, *qu'*ils aient conçu, *que* j'eusse répandu, battre, chérissant, choisi, avoir banni, devant être.

94. Tu avertissais, il aperçut, vous avez banni, ils eurent confondu, j'avais confié, nous contiendrons, elles croient, l'âne brait.

95. On aura décousu, je défendrais, vous auriez découvert, tu eusses dégrossi, voyons, *que* vous peigniez, *que* nous dussions.

96. *Qu'*elle ait écrit, *que* nous eussions offert, *qu'*ils perdissent, tu dors, je rompais, vous liiez, le poussin piaule.

97. Elles parlèrent, je courrai, nous rejetterions, *que* vous pliassiez, *que* tu emploies, *qu'*on eût discouru, dire, lisant, ayant su.

98. Emplissez, nous employions, vous payez, je joignis, tu auras ouvert, fondons, *que* j'éteigne, tu étends, cours, nous perçûmes, vous éteindriez, que je peignisse, qu'elle dût.

———

Il y a deux verbes que l'on nomme *auxiliaires*, parce qu'ils aident à conjuguer tous les autres : nous commencerons par ces deux verbes.

VERBE AUXILIAIRE AVOIR.

INDICATIF.
PRÉSENT.

Sing. J'ai.
Tu as (1).
Il *ou* elle a.
Plur. Nous avons.
Vous avez.
Ils *ou* elles ont.

IMPARFAIT.

J'avais.
Tu avais.
Il avait.
Nous avions.
Vous aviez.
Ils avaient.

PRÉTÉRIT DÉFINI (2).

J'eus.
Tu eus.
Il eut.
Nous eûmes.
Vous eûtes.
Ils eurent.

PRÉTÉRIT INDÉFINI.

J'ai eu.
Tu as eu.
Il a eu.
Nous avons eu.
Vous avez eu.
Ils ont eu.

PRÉTÉRIT ANTÉRIEUR.

J'eus eu.
Tu eus eu.
Il eut eu.
Nous eûmes eu.
Vous eûtes eu.
Ils eurent eu.

PLUS-QUE-PARFAIT.

J'avais eu.
Tu avais eu.
Il avait eu.
Nous avions eu.
Vous aviez eu.
Ils avaient eu.

FUTUR.

J'aurai.
Tu auras.
Il aura.
Nous aurons.
Vous aurez.
Ils auront.

FUTUR PASSÉ.

J'aurai eu.
Tu auras eu.
Il aura eu.
Nous aurons eu.
Vous aurez eu.
Ils auront eu.

---

(1) Toutes les secondes personnes du singulier ont une *s* à la fin.

(2) On appelle prétérit *défini* celui qui marque un temps entièrement passé ; exemple : *j'eus hier la fièvre.* On appelle prétérit *indéfini*, celui qui marque un temps dont il peut rester encore quelque partie à s'écouler ; exemple : *j'ai eu la fièvre aujourd'hui.* On appelle prétérit *antérieur*, celui qui marque une chose faite avant une autre ; exemple : *dès que nous eûmes vu la fête, nous partîmes.*

CONDITIONNEL.

PRÉSENT.

J'aurais.
Tu aurais.
Il aurait.
Nous aurions.
Vous auriez.
Ils auraient.

PASSÉ.

J'aurais eu.
Tu aurais eu.
Il aurait eu.
Nous aurions eu.
Vous auriez eu.
Ils auraient eu.

On dit aussi : *j'eusse eu, tu eusses eu, il eût eu, nous eussions eu, vous eussiez eu, ils eussent eu.*

IMPÉRATIF.

Point de première personne.

Aie.
Qu'il ait.
Ayons.
Ayez.
Qu'ils aient.

SUBJONCTIF.

PRÉSENT OU FUTUR.

Que j'aie.
Que tu aies.
Qu'il ait.
Que nous ayons.
Que vous ayez.
Qu'ils aient.

IMPARFAIT.

Que j'eusse.
Que tu eusses.
Qu'il eût.
Que nous eussions.
Que vous eussiez.
Qu'ils eussent.

PRÉTÉRIT.

Que j'aie eu.
Que tu aies eu.
Qu'il ait eu.
Que nous ayons eu.
Que vous ayez eu.
Qu'ils aient eu.

PLUS-QUE-PARFAIT.

Que j'eusse eu.
Que tu eusses eu.
Qu'il eût eu.
Que nous eussions eu.
Que vous eussiez eu.
Qu'ils eussent eu.

INFINITIF.

PRÉSENT.

Avoir.

PRÉTÉRIT.

Avoir eu.

PARTICIPE.

PRÉSENT.

Ayant.

PASSÉ.

Eu, eue, ayant eu.

VERBE AUXILIAIRE ÊTRE.

INDICATIF.

PRÉSENT.

Je suis.
Tu es.
Il *ou* elle est.
Nous sommes.
Vous êtes.
Ils *ou* elles sont.

IMPARFAIT.

J'étais.
Tu étais.
Il était.
Nous étions.
Vous étiez.
Ils étaient.

PRÉTÉRIT DÉFINI.

Je fus.
Tu fus.
Il fut.
Nous fûmes.
Vous fûtes.
Ils furent.

PRÉTÉRIT INDÉFINI.

J'ai été.
Tu as été.
Il a été.
Nous avons été.
Vous avez été.
Ils ont été.

PRÉTÉRIT ANTÉRIEUR.

J'eus été.
Tu eus été.
Il eut été.
Nous eûmes été.
Vous eûtes été.
Ils eurent été.

PLUS-QUE-PARFAIT.

J'avais été.
Tu avais été.
Il avait été.
Nous avions été.
Vous aviez été.
Ils avaient été.

FUTUR.

Je serai.
Tu seras.
Il sera.
Nous serons.
Vous serez.
Ils seront.

FUTUR PASSÉ.

J'aurai été.
Tu auras été.
Il aura été.

Nous aurons été.
Vous aurez été.
Ils auront été.

CONDITIONNEL.

PRÉSENT.

Je serais.
Tu serais.
Il serait.
Nous serions.
Vous seriez.
Ils seraient.

PASSÉ.

J'aurais été.
Tu aurais été.
Il aurait été.
Nous aurions été.
Vous auriez été.
Ils auraient été.

On dit aussi : *j'eusse été, tu eusses été, il eût été, nous eussions été, vous eussiez été, ils eussent été.*

IMPÉRATIF.

Point de première personne.

Sois.
Qu'il soit.
Soyons.
Soyez.
Qu'ils soient.

SUBJONCTIF.

PRÉSENT OU FUTUR.

Que je sois.
Que tu sois.
Qu'il soit.
Que nous soyons.
Que vous soyez.
Qu'ils soient.

IMPARFAIT.

Que je fusse.
Que tu fusses.
Qu'il fût.
Que nous fussions.
Que vous fussiez
Qu'ils fussent.

PRÉTÉRIT.	INFINITIF.
Que j'aie été.	**PRÉSENT.**
Que tu aies été.	
Qu'il ait été.	Être.
Que nous ayons été.	**PRÉTÉRIT.**
Que vous ayez été.	
Qu'ils aient été.	Avoir été.
PLUS-QUE-PARFAIT.	**PARTICIPE.**
Que j'eusse été.	**PRÉSENT.**
Que tu cusses été.	
Qu'il eût été.	Étant.
Que nous eussions été.	**PASSÉ.**
Que vous eussiez été.	
Qu'ils eusseut été.	Eté, ayant été.

PREMIÈRE CONJUGAISON,

EN ER.

INDICATIF.	PRÉTÉRIT INDÉFINI.
PRÉSENT.	J'ai aimé.
J'aime.	Tu as aimé.
Tu aimes.	Il a aimé.
Il *ou* elle aime.	Nous avons aimé.
Nous aimons.	Vous avez aimé.
Vous aimez.	Ils ont aimé.
Ils *ou* elles aiment.	**PRÉTÉRIT ANTÉRIEUR.**
IMPARFAIT.	J'eus aimé.
J'aimais.	Tu eus aimé.
Tu aimais.	Il eut aimé.
Il aimait.	Nous eûmes aimé.
Nous aimions.	Vous eûtes aimé.
Vous aimiez.	Ils eurent aimé (1).
Ils aimaient.	**PLUS-QUE-PARFAIT.**
PRÉTÉRIT DÉFINI.	J'avais aimé.
J'aimai.	Tu avais aimé.
Tu aimas.	Il avait aimé.
Il aima.	Nous avions aimé.
Nous aimâmes.	Vous aviez aimé.
Vous aimâtes.	Ils avaient aimé.
Ils aimèrent.	

(1) Il y a un quatrième prétérit, dont on se sert rarement le voici :

J'ai eu aimé.	Nous avons eu aimé.
Tu as eu aimé.	Vous avez eu aimé.
Il a eu aimé.	Ils ont eu aimé.

FUTUR.

J'aimerai.
Tu aimeras.
Il aimera.
Nous aimerons.
Vous aimerez.
Ils aimeront.

FUTUR PASSÉ.

J'aurai aimé.
Tu auras aimé.
Il aura aimé.
Nous aurons aimé.
Vous aurez aimé.
Ils auront aimé.

CONDITIONNEL.

PRÉSENT.

J'aimerais.
Tu aimerais.
Il aimerait.
Nous aimerions.
Vous aimeriez.
Ils aimeraient

PASSÉ.

J'aurais aimé.
Tu aurais aimé.
Il aurait aimé.
Nous aurions aimé.
Vous auriez aimé.
Ils auraient aimé.

On dit aussi : *j'eusse aimé,
tu eusses aimé, il eût aimé,
nous eussions aimé, vous eussiez aimé, ils eussent aimé.*

IMPÉRATIF.

Point de première personne.

Aime.
Qu'il aime.
Aimons.
Aimez.
Qu'ils aiment.

SUBJONCTIF.

PRÉSENT OU FUTUR.

Que j'aime.
Que tu aimes.
Qu'il aime.
Que nous aimions.
Que vous aimiez.
Qu'ils aiment.

IMPARFAIT.

Que j'aimasse.
Que tu aimasses.
Qu'il aimât.
Que nous aimassions.
Que vous aimassiez.
Qu'ils aimassent.

PRÉTÉRIT.

Que j'aie aimé.
Que tu aies aimé.
Qu'il ait aimé.
Que nous ayons aimé.
Que vous ayez aimé.
Qu'ils aient aimé.

PLUS-QUE-PARFAIT.

Que j'eusse aimé.
Que tu eusses aimé.
Qu'il eût aimé.
Que nous eussions aimé.
Que vous eussiez aimé.
Qu'ils eussent aimé.

INFINITIF.

PRÉSENT.

Aimer.

PASSÉ.

Avoir aimé.

PARTICIPE.

PRÉSENT.

Aimant.

PASSÉ.

Aimé, aimée, ayant aimé.

Ainsi se conjuguent les verbes *chanter, danser, manger,
appeler*, et tous ceux dont l'infinitif se termine en *er*.

SECONDE CONJUGAISON,

EN I.R.

INDICATIF.

PRÉSENT.

Je finis.
Tu finis.
Il *ou* elle finit.
Nous finissons.
Vous finissez.
Ils *ou* elles finissent.

IMPARFAIT.

Je finissais.
Tu finissais.
Il finissait.
Nous finissions.
Vous finissiez.
Ils finissaient.

PRÉTÉRIT DÉFINI.

Je finis.
Tu finis.
Il finit.
Nous finîmes.
Vous finîtes.
Ils finirent.

PRÉTÉRIT INDÉFINI.

J'ai fini.
Tu as fini.
Il a fini.
Nous avons fini.
Vous avez fini.
Ils ont fini.

PRÉTÉRIT ANTÉRIEUR.

J'eus fini.
Tu eus fini.
Il eut fini.
Nous eûmes fini.
Vous eûtes fini.
Ils eurent fini (1).

PLUS-QUE-PARFAIT.

J'avais fini.
Tu avais fini.
Il avait fini.
Nous avions fini.
Vous aviez fini.
Ils avaient fini.

FUTUR.

Je finirai.
Tu finiras.
Il finira.
Nous finirons.
Vous finirez.
Ils finiront.

FUTUR PASSÉ.

J'aurai fini.
Tu auras fini.
Il aura fini.
Nous aurons fini.
Vous aurez fini.
Ils auront fini.

CONDITIONNEL.

PRÉSENT.

Je finirais.
Tu finirais.
Il finirait.
Nous finirions.
Vous finiriez.
Ils finiraient.

PASSÉ.

J'aurais fini.
Tu aurais fini.
Il aurait fini.
Nous aurions fini.

---

(1) Il y a un quatrième prétérit, mais on s'en sert rarement ;
le voici :

J'ai eu fini.	Nous avons eu fini.
Tu as eu fini.	Vous avez eu fini
Il a eu fini.	Ils ont eu fini.

Vous auriez fini.
Ils auraient fini.

On dit aussi : *j'eusse fini, tu eusses fini, il eût fini, nous eussions fini, vous eussiez fini, ils eussent fini.*

IMPÉRATIF.

Point de première personne.

Finis.
Qu'il finisse.
Finissons.
Finissez.
Qu'ils finissent.

SUBJONCTIF.

PRÉSENT OU FUTUR.

Que je finisse.
Que tu finisses.
Qu'il finisse.
Que nous finissions.
Que vous finissiez.
Qu'ils finissent.

IMPARFAIT.

Que je finisse.
Que tu finisses.
Qu'il finît.
Que nous finissions.
Que vous finissiez.
Qu'ils finissent.

PRÉTÉRIT.

Que j'aie fini.
Que tu aies fini.
Qu'il ait fini.
Que nous ayons fini.
Que vous ayez fini.
Qu'ils aient fini.

PLUS-QUE-PARFAIT.

Que j'eusse fini.
Que tu eusses fini.
Qu'il eût fini.
Que nous eussions fini.
Que vous eussiez fini.
Qu'ils eussent fini.

INFINITIF.

PRÉSENT.

Finir.

PRÉTÉRIT.

Avoir fini.

PARTICIPE.

PRÉSENT.

Finissant.

PASSÉ.

Fini, finie, ayant fini.

Ainsi se conjuguent *avertir, guérir, ensevelir, bénir ;* mais ce dernier a deux participes, *bénit, bénite,* pour les choses consacrées par les prières des prêtres : *béni, bénie,* partout ailleurs. *Haïr,* mais ce verbe fait, au présent de l'indicatif, je *hais,* tu *hais,* il *hait :* on prononce je *hès,* tu *hès,* il *hèt.*

TROISIÈME CONJUGAISON,

EN OIR.

INDICATIF.

PRÉSENT.

Je reçois.
Tu reçois.
Il *ou* elle reçoit.
Nous recevons.
Vous recevez.
Ils *ou* elles reçoivent.

IMPARFAIT.

Je recevais.
Tu recevais.
Il recevait.
Nous recevions.
Vous receviez.
Ils recevaient.

PRÉTÉRIT DÉFINI.

Je reçus.
Tu reçus.
Il reçut.
Nous reçûmes.
Vous reçûtes.
Ils reçurent.

PRÉTÉRIT INDÉFINI.

J'ai reçu.
Tu as reçu.
Il a reçu.
Nous avons reçu.
Vous avez reçu.
Ils ont reçu.

PRÉTÉRIT ANTÉRIEUR.

J'eus reçu.
Tu eus reçu.
Il eut reçu.
Nous eûmes reçu.
Vous eûtes reçu.
Ils eurent reçu (1).

PLUS-QUE-PARFAIT.

J'avais reçu.
Tu avais reçu.
Il avait reçu.
Nous avions reçu.
Vous aviez reçu.
Ils avaient reçu.

FUTUR.

Je recevrai.
Tu recevras.
Il recevra.
Nous recevrons.
Vous recevrez.
Ils recevront.

FUTUR PASSÉ.

J'aurai reçu.
Tu auras reçu.
Il aura reçu.
Nous aurons reçu.

Vous aurez reçu.
Ils auront reçu.

CONDITIONNEL.

PRÉSENT.

Je recevrais.
Tu recevrais.
Il recevrait.
Nous recevrions.
Vous recevriez.
Ils recevraient.

PASSÉ.

J'aurais reçu.
Tu aurais reçu.
Il aurait reçu.
Nous aurions reçu.
Vous auriez reçu.
Ils auraient reçu.

On dit aussi : *j'eusse reçu, tu eusses reçu, il eût reçu, nous eussions reçu, vous eussiez reçu, ils eussent reçu.*

IMPÉRATIF.

Point de première personne.

Reçois.
Qu'il reçoive.
Recevons.
Recevez.
Qu'ils reçoivent.

SUBJONCTIF.

PRÉSENT OU FUTUR.

Que je reçoive.
Que tu reçoives.
Qu'il reçoive.
Que nous recevions.
Que vous receviez.
Qu'ils reçoivent.

IMPARFAIT.

Que je reçusse.
Que tu reçusses.

---

(1) Il y a un quatrième prétérit, mais on s'en sert rarement, le voici :

J'ai eu reçu.
Tu as eu reçu.
Il a eu reçu.

Nous avons eu reçu.
Vous avez eu reçu.
Ils ont eu reçu.

Qu'il reçût.
Que nous reçussions.
Que vous reçussiez.
Qu'ils reçussent.

PRÉTÉRIT.

Que j'aie reçu.
Que tu aies reçu.
Qu'il ait reçu.
Que nous ayons reçu.
Que vous ayez reçu.
Qu'ils aient reçu.

PLUS-QUE-PARFAIT.

Que j'eusse reçu.
Que tu eusses reçu.
Qu'il eût reçu
Que nous eussions reçu.

Que vous eussiez reçu.
Qu'ils eussent reçu.

INFINITIF.

PRÉSENT.

Recevoir.

PRÉTÉRIT.

Avoir reçu.

PARTICIPE.

PRÉSENT.

Recevant.

PASSÉ.

Reçu, reçue, ayant reçu.

Ainsi se conjuguent *apercevoir*, *concevoir*, *percevoir*.

QUATRIÈME CONJUGAISON.
EN RE.

INDICATIF.
PRÉSENT.

Je rends.
Tu rends.
Il *ou* elle rend.
Nous rendons.
Vous rendez.
Ils *ou* elles rendent.

IMPARFAIT,

Je rendais.
Tu rendais.
Il rendait.
Nous rendions.
Vous rendiez.
Ils rendaient.

PRÉTÉRIT DÉFINI.

Je rendis.
Tu rendis.

Il rendit.
Nous rendîmes.
Vous rendîtes.
Ils rendirent.

PRÉTÉRIT INDÉFINI.

J'ai rendu.
Tu as rendu.
Il a rendu.
Nous avons rendu.
Vous avez rendu.
Ils ont rendu.

PRÉTÉRIT ANTÉRIEUR.

J'eus rendu.
Tu eus rendu.
Il eut rendu.
Nous eûmes rendu.
Vous eûtes rendu.
Ils eurent rendu (1).

---

(1). Il y a un quatrième prétérit, mais on s'en sert rarement;
le voici :

J'ai eu rendu.
Tu as eu rendu.
Il a eu rendu.

Nous avons eu rendu.
Vous avez eu rendu.
Ils ont eu rendu.

PLUS-QUE-PARFAIT.

J'avais rendu.
Tu avais rendu.
Il avait rendu.
Nous avions rendu.
Vous aviez rendu.
Ils avaient rendu.

FUTUR.

Je rendrai.
Tu rendras.
Il rendra.
Nous rendrons.
Vous rendrez.
Ils rendront.

FUTUR PASSÉ.

J'aurai rendu.
Tu auras rendu.
Il aura rendu.
Nous aurons rendu.
Vous aurez rendu.
Ils auront rendu.

CONDITIONNEL.

PRÉSENT.

Je rendrais.
Tu rendrais.
Il rendrait.
Nous rendrions.
Vous rendriez.
Ils rendraient.

PASSÉ.

J'aurais rendu.
Tu aurais rendu.
Il aurait rendu.
Nous aurions rendu.
Vous auriez rendu.
Ils auraient rendu.

On dit aussi : *j'eusse rendu, tu eusses rendu, il eût rendu, nous eussions rendu, vous eussiez rendu, ils eussent rendu.*

IMPÉRATIF.

Point de première personne.
Rends.
Qu'il rende.

Rendons.
Rendez.
Qu'ils rendent.

SUBJONCTIF.

PRÉSENT OU FUTUR.

Que je rende.
Que tu rendes.
Qu'il rende.
Que nous rendions.
Que vous rendiez.
Qu'ils rendent.

IMPARFAIT.

Que je rendisses.
Que tu rendisses
Qu'il rendît.
Que nous rendissions.
Que vous rendissiez.
Qu'ils rendissent.

PRÉTÉRIT.

Que j'aie rendu.
Que tu aies rendu.
Qu'il ait rendu.
Que nous ayons rendu.
Que vous ayez rendu.
Qu'ils aient rendu.

PLUS-QUE-PARFAIT.

Que j'eusse rendu.
Que tu eusses rendu.
Qu'il eût rendu.
Que nous eussions rendu.
Que vous eussiez rendu.
Qu'ils eussent rendu.

INFINITIF.

PRÉSENT.

Rendre.

PRÉTÉRIT.

Avoir rendu.

PARTICIPE.

PRÉSENT.

Rendant.

PASSÉ.

Rendu, rendue, ayant rendu.

Ainsi se conjuguent *attendre, entendre, suspendre, vendre.*

Exercices sur la conjugaison des verbes réguliers.

99. *Ind. prés.* Je ployer, tu payer, il créer, nous sucer, vous tailler, ils appeler, je céder, tu jeter, il procéder, elle tutoyer, nous lancer, vous étinceler, ils essayer, elles concevoir. *Imp.* Je ménager, tu pécher, il rincer, nous détailler, vous louer, nous publier, vous vous noyer, je guérir, tu apercevoir, il fendre, nous salir, vous recevoir, ils fondre.

100. *Prét. déf.* Je commencer, tu partager, il succéder, nous pincer, vous recevoir, ils avertir, je ternir, tu éblouir, il concevoir, nous attendre, vous plonger, ils réfléchir. *Fut.* Je nouer, tu scier, il côtoyer, elle rayer, nous agréer, vous dételer, ils cacheter, je remplir, tu embellir, il guérir, nous percevoir, vous entendre, ils rendre.

101. *Cond. prés.* Je préférer, tu acheter, il essayer, nous suer, vous agréer, ils régner, je périr, tu applaudir, il devoir, nous répandre, vous démolir, ils durcir. *Impé.* 2e. *pers. sing.* Balayer, appeler, rendre, fondre, réunir, apercevoir, fureter, différer. *Subj. prés.* Que je ployer, que tu t'ennuyer, qu'il précéder, qu'elle carreler, que nous émailler, que vous avouer, que vous influer, que vous plier, que nous ployer.

102. *Subj. prés.* Que nous déployer, que vous clouer, qu'ils tutoyer, qu'elles succéder,

que je bénir; que tu régir, que nous pâtir, qu'il pâlir, que nous rougir; qu'ils éblouir; que je recevoir, que tu tondre, qu'il tendre, que nous concevoir, que vous apercevoir, qu'il décevoir. *Imp.* Que je songer, que tu sucer, qu'il menacer, qu'elle louer, qu'on parler, que nous jouer, que vous lancer, qu'ils douter.

103. *Imp. du subj.* Que je régir, que tu convertir, qu'il emplir, qu'elle démolir, qu'on rétablir, que nous vieillir, que vous étourdir, qu'ils accomplir; que je concevoir, que tu prétendre, qu'il concevoir, qu'elle devoir, qu'on recevoir, qu'il défendre, qu'elle attendre, qu'on refondre, que nous bâtir, que vous rétrécir, qu'ils étourdir. *Prét.* Que je veiller, que tu corriger, qu'il défendre, que nous appuyer, que vous récréer, qu'ils menacer.

104. *Ind. prés.* Je pécher, tu acheter, il appeler, nous houer, vous jeter, ils dételer, je rôtir, tu choisir, il obéir, nous emplir, vous applaudir, ils bannir, je répandre, tu recevoir, il confondre, nous décevoir, vous tordre, ils tondre. *Imp.* Je rayer, tu menacer, il ranger, nous houer, vous influer, nous éveiller, vous prier, nous balayer, vous jouer, ils ranger, je bannir, tu redevoir, il vendre, nous assujettir, vous percevoir, ils suspendre.

105. *Prét. déf.* Je démolir, tu apercevoir, il rendre, nous définir, vous compatir, nous devoir, vous recevoir, nous répondre, vous tendre, ils recevoir; je brouiller, tu suer, il sucer, nous conseiller, vous crier, il balayer,

Fut. Je louer, tu suer, il houer, nous créer, vous lier, ils essayer, nous élever, vous dételer, ils projeter, j'essuyer, tu broyer; il remuer; je fournir, tu devoir, il entendre, nous répandre, vous jouir, ils décevoir. *Prét. indéf.* Je tordre, tu parler, il finir, nous recevoir, vous prétendre, ils appuyer.

106. *Cond. prés.* Je nouer, tu rejeter, il récréer, nous payer, vous atteler, ils cacheter; je balayer, tu octroyer, il agréer, nous désunir, vous devoir, ils rendre, elles pondre. *Impé.* 2e. *pers. pl.* Menacer, songer, étinceler, agir, unir, recevoir, tendre, répandre. *Subj. prés.* Que je payer, que tu acheter, qu'il procéder, que nous publier, que vous agréer, que nous côtoyer, que vous remuer, que nous avouer, que vous surveiller; que je divertir, que tu apercevoir, qu'il confondre, qu'elle concevoir, que nous durcir, que vous remplir, qu'ils devoir, qu'elles tendre.

107. *Imp. du subj.* Que je rincer, que tu balancer, qu'il ployer, qu'elle déranger, qu'on éloigner, que nous donner, que vous pincer, qu'ils manger, que j'envahir, que tu épaissir, qu'il languir, qu'elle élargir, qu'on gémir, que nous étourdir, que vous blanchir, qu'ils engloutir, que je devoir, que tu recevoir, qu'il concevoir, qu'elle percevoir, qu'on apercevoir, que je tendre, que tu tondre, qu'il répandre, qu'elle entendre, qu'on fondre, que nous recevoir, que vous attendre, que nous étendre, que vous entendre, qu'ils tondre.

DES TEMPS PRIMITIFS.

On appelle *temps primitifs* d'un verbe ceux qui servent à former les autres temps dans les quatre conjugaisons.

TABLEAU DES TEMPS PRIMITIFS.

	Présent de l'Infinitif.	Participe présent.	Participe passé.	Présent de l'Indicatif.	Prétérit de l'Indicatif.
PREMIÈRE CONJUGAISON.	Aimer.	Aimant.	Aimé.	J'aime.	J'aimai.
SECONDE CONJUGAISON.	Finir. Sentir. Ouvrir. Tenir.	Finissant. Sentant. Ouvrant. Tenant.	Fini. Senti. Ouvert. Tenu.	Je finis. Je sens. J'ouvre. Je tiens.	Je finis. Je sentis. J'ouvris. Je tins.
TROISIÈME CONJUGAISON.	Recevoir.	Recevant.	Reçu.	Je reçois.	Je reçus.
QUATRIÈME CONJUGAISON.	Rendre. Plaire. Paraître. Rédüire. Plaindre.	Rendant. Plaisant. Paraissant. Réduisant. Plaignant.	Rendu. Plu. Paru. Réduit. Plaint.	Je rends. Je plais. Je parais. Je réduis. Je plains.	Je rendis. Je plus. Je parus. Je réduisis. Je plaignis.

I. Du présent de l'indicatif se forme l'impératif, en ôtant seulement le pronom *je ;* exemples : *j'aime*, impératif *aime ; je finis,* imp. *finis ; je reçois,* imp. *reçois ; je rends,* imp. *rends.*

Excepté quatre verbes ; *je suis,* imp. *sois ; j'ai,* imp. *aie ; je vais,* imp. *va ; je sais,* imp. *sache.*

———

Exercices sur la formation de l'impératif.

Temps primitifs dont l'écolier formera les temps dérivés.

108. Je demande, nous supportons (1), vous battez, je vois, nous commençons, vous commandez, nous saignons, vous rompez, je sais, vous savez, nous savons, nous achetons, vous faites, je choisis, vous venez, nous disons, je conviens, je dors, vous dites.

109. Je suis, nous sommes, vous êtes, nous connaissons, vous avez, je vais, j'y vais (1), nous allons, vous allez, je donne, j'en donne, je porte, j'y porte, nous y pensons, vous y songez, j'en offre, j'y songe, j'en souffre, j'ouvre, nous mangeons.

110. Je me trompe, nous nous plaignons, vous vous souvenez, je m'en passe, je m'y at-

———

(1) Otez *nous* et *vous*, pour avoir la 1re et la 2e pers. pl. de l'impératif.

(1) On ajoute *s* à l'impératif qui finit par une voyelle, lorsqu'il est suivi de l'un des pronoms *y* ou *en ; vas-y, donnes-en.*

tache, nous nous critiquons, vous vous vantez, j'en gagne, j'y mène, je me promène, nous avons, vous redites, vous refaites, je paie, j'en paie.

II. Du prétérit de l'indicatif se forme l'imparfait du subjonctif, en changeant *ai* en *asse* pour la première conjugaison : *j'aimai*, imparfait du subjonctif *que j'aimasse*; et en ajoutant seulement *se* pour les trois autres conjugaisons : *je finis, je finisse; je reçus., je reçusse; je rendis, je rendisse.*

Exercices sur la formation de l'imparfait du subjonctif.

111. Je fermai, je m'abaissai, je souffris, je conçus, je fendis, je frappai, je sentis, je reçus, je vendis.

112. Je semai, je souscrivis, je naquis, je pus, je liai, je fis, je donnai, je dus, j'employai, j'ouvris, je tins.

III. Du présent de l'infinitif on forme le futur de l'indicatif, en changeant *r* ou *re* en *rai*; exemple : *aimer, j'aimerai; finir, je finirai; rendre, je rendrai.*

Exceptions.—Première conjugaison. *Aller*, futur, *j'irai; envoyer, j'enverrai.*

Seconde conjugaison. *Tenir*, futur, *je tiendrai; venir, je viendrai; courir, je courrai;*

* 3

cueillir, je cueillerai; mourir, je mourrai; acquérir, j'acquerrai.

Troisième conjugaison. *Recevoir,* futur; *je recevrai; avoir, j'aurai; échoir, j'écherrai; pouvoir, je pourrai; savoir, je saurai; s'asseoir, je m'asseyerai; voir, je verrai; vouloir, je voudrai; valoir, je vaudrai; falloir, il faudra; pleuvoir, il pleuvra.*

Quatrième conjugaison. *Faire,* futur, *je ferai; être, je serai.*

Du futur de l'indicatif on forme le présent du conditionnel, en changeant *rai* en *rais,* sans exception: *j'aimerai,* conditionnel, *j'aimerais; je finirai, je finirais; je recevrai, je recevrais; je rendrai, je rendrais.*

Exercices sur la formation du futur et du conditionnel.

113. Parler, fronder, agréer, louer, consentir, réunir, répandre, vendre, battre, amonceler, bégayer.

114. Ouvrir, blanchir, boire, comparaître, mettre, balayer, atteler, plaire, réduire, houer, haïr, plaindre, pouvoir.

115. Aller, envoyer, tenir, devenir, discourir, concourir, devoir, recevoir, voir, avoir, faire, falloir.

116. Valoir, déployer, acquérir, refaire, pleuvoir, recueillir, échoir, renvoyer, requérir, concevoir, pouvoir.

117. Etre, clouer, vouloir, accueillir, s'asseoir, mourir, survenir, s'enquérir, savoir, mouvoir, satisfaire.

118. S'en aller , revoir , mettre, écrire, feindre, entretenir , contrefaire, extraire, naître , craindre , équivaloir.

IV. Du participe présent on forme :

1°. L'imparfait de l'indicatif , en changeant *ant* en *ais* : aimant, imparfait, *j'aimais ; finissant, je finissais ; recevant, je recevais ; rendant, je rendais.*

Exceptions. Il n'y a que deux exceptions : *ayant, j'avais ; sachant, je savais.*

Exercices, n.ᵒˢ 119, 120.

2°. Du même participe on forme la première personne plurielle du présent de l'indicatif en changeant *ant* en *ons* : *aimant, nous aimons ; finissant, nous finissons ; recevant, nous recevons ; rendant, nous rendons.*

Excepté : *étant, nous sommes ; ayant, nous avons ; sachant, nous savons.*

On forme aussi la seconde personne plurielle en *ez* : *vous aimez, vous finissez, vous recevez, vous rendez.*

Excepté : *faisant, vous faites ; disant, vous dites.*

Et la troisième personne en *ent* : *ils aiment, ils finissent, etc.*

Exercices, n.ᵒˢ 121, 122, 123.

3°. Du même participe présent on forme le présent du subjonctif, en changeant *ant* en *e* muet : *aimant, que j'aime ; finissant, que je finisse ; rendant, que je rende.*

Exceptions. — Première conjugaison. *Allant, que j'aille.*

Seconde conjugaison. *Tenant, que je tienne ; venant, que je vienne ; acquérant, que j'acquière.*

Troisième conjugaison. *Recevant, que je reçoive ; pouvant, que je puisse ; valant, que je vaille ; voulant, que je veuille* (1) *; mouvant, que je meuve ; faillant, qu'il faille.*

Quatrième conjugaison. *Buvant, que je boive ; faisant, que je fasse ; étant, que je sois.*

Exercices, n°ˢ 124, 125, 126.

Exercices sur la formation de l'imparfait de l'indicatif.

119. Mangeant, bâtissant, devant, répondant, rayant, suçant, éraillant, remuant, voyant, avilissant, niant, teignant.

120. Payant, jetant, jouant, concluant, disant, veillant, essayant, nettoyant, ayant, sachant, travaillant, pliant, faisant.

---

(1) *Que tu veuilles, qu'il veuille, que nous voulions, que vous vouliez, qu'ils veuillent.*

Exercices sur la formation des trois personnes plurielles du présent de l'indicatif.

121. Sautant, bondissant, sentant, offrant, craignant, partageant, plaçant, battant, brunissant, depeçant, bougeant, détellant.

122. Rejetant, étant, ayant, sachant, faisant, disant, allant, riant, rappelant, renvoyant, renonçant, arrangeant, devenant.

123. Prenant, venant, redisant, refaisant, s'en allant, comprenant, enfonçant, satisfaisant, ployant, égayant, reprenant, médisant.

Exercices sur la formation du présent du subjonctif.

124. Tâchant, noircissant, recevant, répondant, créant, suppléant, riant, voyant, perdant, unissant, mentant, offrant reliant, bégayant.

125. Allant, tenant, venant, acquérant, devant, pouvant, valant, voulant, mouvant, fallant, buvant, faisant.

126. Refaisant, étant, s'émouvant, équivalant, travaillant, feignant, concevant, mouillant, payant, niant, s'en allant, retournant, comprenant.

V. Du participe passé on forme tous les temps composés (de deux mots), en y joignant les temps des verbes auxiliaires *avoir*, *être* : comme *j'ai aimé*, *j'ai fini*, *j'ai reçu*, *j'ai rendu*; *j'avais aimé*, *j'avais fini*, *j'avais reçu*, *j'avais rendu*; *j'aurai aimé*, *j'aurai fini*, *j'aurai reçu*, *j'aurai rendu*; *que j'eusse aimé*, *que j'eusse fini*, *que j'eusse reçu*, *que j'eusse rendu*, *etc.*

Exercices sur la formation des temps composés.

127. Déchiré, uni, conçu, rendu, monté(1), venu, déchu, descendu, tombé, couru, allé, né, parti, nui, plu, mort.

VERBES IRRÉGULIERS.

On appelle *irréguliers* les verbes qui ne suivent pas toujours la règle générale des conjugaisons.

Plusieurs de ces verbes ne sont pas usités à certains temps et à certaines personnes; on les nomme alors *Verbes défectifs.*

______

(1) Voyez à la conjugaison des verbes neutres, ceux qui prennent *avoir* ou *être.*

TEMPS PRIMITIFS
DES VERBES IRRÉGULIERS.

Présent de l'Infinitif.	Participe présent.	Participe passé.	Présent de l'Indicatif.	Prétérit de l'Indicatif.

PREMIÈRE CONJUGAISON.

Présent de l'Infinitif.	Participe présent.	Participe passé.	Présent de l'Indicatif.	Prétérit de l'Indicatif.
Aller.	Allant.	Allé.	Je vais.	J'allai.
Envoyer.	Envoyant.	Envoyé.	J'envoie.	J'envoyai.

SECONDE CONJUGAISON.

Présent de l'Infinitif.	Participe présent.	Participe passé.	Présent de l'Indicatif.	Prétérit de l'Indicatif.
Courir.	Courant.	Couru.	Je cours.	Je courus.
Cueillir.	Cueillant.	Cueilli.	Je cueille.	Je cueillis.
Fuir.	Fuyant.	Fui.	Je fuis.	Je fuis.
Mourir.	Mourant.	Mort.	Je meurs.	Je mourus.
Faillir.	Faillant.	Failli.	Je faux.	Je faillis.
Acquérir.	Acquérant.	Acquis	J'acquiers.	J'acquis.
Saillir.	Saillant.	Sailli.	Il saille.	Il saillit.
Tressaillir.	Tressaillant.	Tressailli.	Je tressaille.	Je tressaillis.
Vêtir.	Vêtant.	Vêtu.	Je vêts.	Je vêtis.
Revêtir.	Revêtant.	Revêtu.	Je revêts.	Je revêtis.

TROISIÈME CONJUGAISON.

Présent de l'Infinitif.	Participe présent.	Participe passé.	Présent de l'Indicatif.	Prétérit de l'Indicatif.
Choir.				
Déchoir.		Déchu.	Je déchois.	Je déchus.
Échoir.	Echéant.	Echu.	Il échet.	J'échus.
Falloir.		Fallu.	Il faut.	Il fallut.
Mouvoir.	Mouvant.	Mu.	Je meus.	Je mus.
Pleuvoir.	Pleuvant.	Plu.	Il pleut.	Il plut.
Pouvoir.	Pouvant.	Pu.	Je puis.	Je pus.
Savoir.	Sachant.	Su.	Je sais.	Je sus.
S'asseoir.	S'asseyant.	Assis.	Je m'assieds.	Je m'assis.
Surseoir.		Sursis.	Je surseois.	Je sursis.
Valoir.	Valant.	Valu.	Je vaux.	Je valus.
Voir.	Voyant.	Vu.	Je vois.	Je vis.
Pourvoir.	Pourvoyant.	Pourvu.	Je pourvois.	Je pourvus.
Vouloir.	Voulant.	Voulu.	Je veux.	Je voulus.

Présent de l'Infinitif.	Participe présent.	Participe passé.	Présent de l'Indicatif.	Prétérit de l'Indicatif.

QUATRIÈME CONJUGAISON.

Présent de l'Infinitif.	Participe présent.	Participe passé.	Présent de l'Indicatif.	Prétérit de l'Indicatif.
Battre.	Battant.	Battu.	Je bats.	Je battis.
Boire.	Buvant.	Bu.	Je bois.	Je bus.
Braire.			Il brait.	
Bruire.	Bruyant.			
Circoncire.		Circoncis.	Je circoncis.	Je circoncis.
Clore, clorre.		Clos.	Je clos.	
Conclure.	Concluant.	Conclu.	Je conclus.	Je conclus.
Confire.		Confit.	Je confis.	Je confis.
Coudre.	Cousant.	Cousu.	Je couds.	Je cousis.
Croire.	Croyant.	Cru.	Je crois.	Je crus.
Dire.	Disant.	Dit.	Je dis.	Je dis.
Maudire.	Maudissant.	Maudit.	Je maudis.	Je maudis.
Ecrire.	Ecrivant.	Ecrit.	J'écris.	J'écrivis.
Exclure.	Excluant.	Exclus.	J'exclus.	J'exclus.
Faire.	Faisant.	Fait.	Je fais.	Je fis.
Prendre.	Prenant.	Pris.	Je prends.	Je pris.
Lire.	Lisant.	Lu.	Je lis.	Je lus.
Luire.	Luisant.	Lui.	Je luis.	
Mettre.	Mettant.	Mis.	Je mets.	Je mis.
Moudre.	Moulant.	Moulu.	Je mouds.	Je moulus.
Naître.	Naissant.	Né.	Je nais.	Je naquis.
Nuire.	Nuisant.	Nui.	Je nuis.	Je nuisis.
Rire.	Riant.	Ri.	Je ris.	Je ris.
Rompre.	Rompant.	Rompu.	Je romps.	Je rompis.
Absoudre.	Absolvant.	Absous.	J'absous.	
Résoudre.	Résolvant.	Résous, résolu.	Je résous.	Je résolus.
Suffire.	Suffisant.	Suffi.	Je suffis.	Je suffis.
Suivre.	Suivant.	Suivi.	Je suis.	Je suivis.
Traire.	Trayant.	Trait.	Je trais.	
Vaincre.	Vainquant.	Vaincu.	Je vaincs*.	Je vainquis.
Vivre.	Vivant.	Vécu.	Je vis.	Je vécus.

Nous ne marquons pas les verbes *composés*, parce qu'ils suivent la conjugaison de leurs *simples* : par exemple, les composés *promettre*, *admettre*, etc., se conjuguent comme le verbe simple *mettre*.

* Le présent et l'imparfait de ce verbe sont peu usités.

Au moyen de cette table, et des règles que

nous avons données sur la formation des temps, il n'y a point de verbe qu'on ne puisse conjuguer.

Exercices sur les verbes irréguliers (1).

(Voyez le tableau des temps primitifs et la formation des temps.)

128. *Ind. prés.* J'aller, tu courir, il cueillir, il fuir, nous mourir, vous acquérir, ils tressaillir; j'acquérir, tu vêtir, il nourrir, nous fuir, vous aller, ils fuir. *Imp.* Je revêtir, tu t'en aller, il cueillir, nous fuir, vous tressaillir, ils s'enquérir. *Prét. déf.* Je recueillir, tu accourir, il fuir, nous aller, ils mourir, je concourir, tu acquérir, il vêtir, nous nous enfuir, vous fuir, ils s'en aller. *Fut.* Je vêtir, tu t'enfuir, il cueillir, nous acquérir, vous mourir, ils courir, je secourir, tu accueillir, il s'enquérir, vous envoyer, ils s'en aller.

129. *Cond. prés.* Je revêtir, tu renvoyer, il s'en aller, nous recueillir, vous acquérir, ils mourir, je requérir, tu fuir, il mourir, nous concourir, vous aller, il vêtir. *Impé.* 2ᵉ *per. pl.* Aller, courir, tressaillir, fuir, envoyer, discourir. *Subj. prés.* Que je m'en aller, que tu acquérir, qu'il envoyer, que nous nous en aller, que vous tressaillir, qu'ils fuir, que je m'enfuir, que tu mourir, qu'il s'enquérir, que nous

____

(1) Il conviendrait que l'écolier ne fît ces exercices que lorsqu'il aura conjugué séparément tous les verbes irréguliers.

renvoyer, que vous vous enfuir, qu'ils recueillir. *Imp.* Que je courir, que tu fuir, qu'il aller, qu'on renvoyer, qu'elle revêtir, que nous mourir, que vous cueillir, qu'ils tressaillir.

130. *Ind. prés.* Je mouvoir, tu pouvoir, il échoir, elle s'asseoir, on valoir, nous voir, vous pouvoir, ils vouloir, je valoir, tu vouloir, il pleuvoir, il falloir, elle s'émouvoir, nous nous asseoir, vous savoir, ils mouvoir. *Imp.* Je vouloir, tu savoir, il pleuvoir, nous nous asseoir, vous revoir, ils pouvoir. *Prét. déf.* J'échoir, tu déchoir, il valoir, il pleuvoir, nous vouloir, vous voir, ils mouvoir, je pouvoir, tu surseoir, il falloir, elle vouloir, on savoir, nous nous asseoir, vous pouvoir, ils revoir. *Fut.* Je vouloir, tu voir, il valoir, on s'asseoir, elle savoir, nous pouvoir, vous mouvoir, ils surseoir.

131. *Cond. prés.* Je déchoir, tu mouvoir, il revoir, il falloir, il pleuvoir, elle vouloir, on pouvoir, vous valoir, ils s'asseoir; je voir, tu recevoir, il surseoir, nous vouloir, nous savoir, ils mouvoir. *Imp.* 1ʳᵉ *pers. pl.* Savoir, voir, s'asseoir, mouvoir, pouvoir. *Subj. prés.* Que je savoir, que tu vouloir, qu'il pleuvoir, qu'on valoir, qu'elle voir, que nous nous asseoir que vous pouvoir, qu'ils mouvoir, que je valoir, que tu pouvoir, qu'il mouvoir, que nous voir, que vous savoir, qu'ils vouloir. *Imp.* Que je savoir, que tu t'asseoir, qu'il pleuvoir, qu'on voir, qu'elle vouloir, que nous pourvoir, que vous pouvoir, qu'ils surseoir.

132. *Ind. prés.* Je battre, tu boire, il braire, nous conclure, vous répondre, ils coudre, je clore, tu coudre, il clore, on confire, elle croire, nous recoudre, vous boire, ils battre. *Imp.* Je combattre, tu coudre, il boire, nous conclure, vous croire, ils répondre. *Prét. déf.* Je coudre, tu confire, il cuire, nous boire, vous battre, ils circoncire. *Fut.* Je clore, tu conclure, il bruire, ils braire, nous combattre, vous boire, ils braire, je coudre, tu croire, il clore, nous boire, vous battre, ils répondre.

133. *Cond. prés.* Je croire, tu coudre, il répondre, nous confire, vous conclure, il clore; je boire, tu battre, il braire, nous recoudre, vous croire, ils circoncire. *Impé.* 2ᵉ *pers. sing.* Croire, coudre, confire, boire, battre. *Subj. prés.* Que je boire, que tu coudre, qu'il croire, que nous conclure, que vous croire, qu'ils découdre, que je battre, que tu confire, qu'il coudre, que nous boire, que vous battre, qu'il croire. *Imp.* Que je boire, que tu battre, qu'il circoncire, qu'elle conclure, qu'on recoudre, que nous répondre, que vous croire, qu'ils coudre.

134. *Ind. prés.* Je dire, tu maudire, il écrire, nous exclure, vous faire, il pendre, je lire, tu prendre, il refaire, elle exclure, nous maudire, vous redire, vous satisfaire, vous médire, ils écrire. *Imp.* Je reprendre, tu lire, il faire, elle maudire, nous exclure, vous dire, ils entreprendre. *Prét. déf.* Je comprendre, tu

relire, il écrire, on faire, nous dire, vous redire, il maudire. *Fut.* Je contredire, tu décrire, il exclure, nous faire, vous comprendre,
ils souscrire. *Fut. ant.* Je boire, tu coudre, il
dire, elle reprendre, on décrire, nous faire,
vous lire, ils croire.

135. *Cond. pré.* J'écrire, tu exclure, il
faire, nous prendre, vous relire, ils dire, elles
satisfaire. *Impé.* 2ᵉ *pers. pl.* Dire, redire, maudire, écrire, prédire, faire, refaire, contrefaire, prendre. *Subj. prés.* Que je prédire, que
tu défaire, qu'il décrire, que nous exclure, que
vous apprendre, qu'ils reprendre, que je sur-
prendre, que tu satisfaire, qu'il souscrire, que
nous maudire, que vous exclure, qu'ils lire.
Imp. Que je lire, que tu prendre, qu'il faire,
qu'elle exclure, qu'on écrire, que nous maudire, que vous dire, qu'ils cuire. *Prét.* Que je
lire, que tu reprendre, qu'il exclure, que nous
souscrire, que vous faire, qu'ils dire.

136. *Ind. prés.* Je mettre, tu moudre, elle
naître, il luire, nous nuire, vous rire, ils
rompre, je frire, tu rompre, il corrompre,
elle rire, on nuire, nous moudre, vous mettre,
ils luire. *Imp.* Je frire, tu remettre, il remoudre, nous rire, vous naître, ils rompre, elles
nuire. *Prét déf.* Je rompre, tu rire, il nuire,
elle naître, nous moudre, vous soumettre, ils
sourire; elles frire, je remoudre, tu permettre,
il rire ; nous nuire, vous naître, ils transmettre.
Fut. Je moudre, tu nuire, il naître, elle frire,
nous rompre, vous mettre, ils admettre.

137. *Cond. prés.* Je luire, tu remettre, il remoudre, elle renaître, nous nuire, vous rire, ils interrompre, je sourire, tu corrompre, il nuire, nous renaître, vous moudre, ils soumettre. *Impé.* 2° *pers. sing.* Rompre, rire, moudre, mettre. *Subj. prés.* Que je reluire, que tu mettre, qu'il moudre, que nous naître, que vous nuire, qu'ils rompre, que je sourire, que tu renaître, qu'il nuire, que nous rire, que vous moudre, qu'ils permettre. *Imp.* Que je mettre, que tu moudre, qu'il naître, que nous nuire, que vous rire, qu'ils rompre, qu'elles soumettre. *Plusq. parf.* Que je naître, que tu corrompre, qu'il rire, que nous renaître, que vous mettre, qu'ils luire.

138. *Ind. prés.* Je résoudre, tu absoudre, il suffire, nous suivre, vous traire, ils vivre. *Imp.* Je vivre, tu suivre, il vaincre, nous absoudre, vous traire, ils soustraire. *Prét. déf.* Je vaincre, tu suivre, il vivre, nous résoudre, vous convaincre, ils survivre. *Fut.* Je suivre, tu vaincre, il absoudre, nous traire, vous extraire, ils suffire. *Impé.* 2° *pers. pl.* Absoudre, suivre, traire, vivre. *Subj. prés.* Que je résoudre, que tu poursuivre, qu'il vaincre, que nous traire, que vous absoudre, qu'ils vivre. *Imp.* que je survivre, que tu vaincre, qu'il s'ensuivre, que nous résoudre, que vous convaincre, qu'ils suffire.

ACCORD DES VERBES AVEC LEUR SUJET OU NOMINATIF.

On appelle *sujet* ou *nominatif* d'un verbe ce qui est ou ce qui fait la chose qu'exprime le verbe. On trouve le *sujet* en mettant *qui est-ce qui ?* devant le verbe. La réponse à cette question indique le *sujet ;* quand je dis : *l'enfant est sage ; qui est-ce qui est sage ?* Réponse, *l'enfant :* voilà le sujet ou nominatif du verbe *est. Le lièvre court ; qui est-ce qui court ?* Rép. *le lièvre :* voilà le sujet du verbe *court.*

Règle. Tout verbe doit être du même nombre et de la même personne que son sujet ou nominatif.

Exemple : Je parle : parle est du nombre singulier et de la première personne, parce que *je ,* son sujet, est du singulier et de la première personne. *Vous parlez tous deux : parlez* est au nombre pluriel, et de la seconde personne, parce que *vous ,* son sujet, est au nombre pluriel et de la seconde personne.

Première remarque. Quand un verbe a deux sujets singuliers, on met ce verbe au pluriel.

Exemple : Mon frère et ma sœur lisent.

Deuxième remarque. Quand les deux sujets sont de différentes personnes, on met le verbe à la plus noble personne : la première est plus noble que la seconde, la seconde est plus noble que la troisième.

Exemples : Vous et moi nous lisons. *Vous et votre frère* vous lisez.

(La politesse française veut qu'on nomme d'abord la personne à qui l'on parle, et qu'on se nomme le dernier.)

———

Exercices sur l'accord des verbes avec leur sujet ou nominatif.

A corriger.

139. Je renvoies, tu vás, il cours, nous cueillon, vous aller, ils vonts, ils courait, elle voulaient, on savais, il pouvait, elles comprenait, j'écrivit, tu parla, il coudra, nous pourvûme, vous voulûte, ils chantère, il boiraient, elle voudrais, on voudrait, ils souscrirait, elles instruirait, les ânes brairait, que je veuilles, que tu cueille, qu'il vaillent, qu'elle saches, qu'elles dorme, qu'on rompent, qu'ils périsse, qu'elles jouisse.

140. Guillaume et Julien se levère de bonne heure, et vinré me dire que les soldats avait quitté la garnison. L'un et l'autre pense comme vous. Sa droiture et son honnêteté le fait rechercher de tout le monde. La force du corps et celle de l'esprit ne se rencontre pas toujours. Moi et vous, nous avons une opinion différente. Dans votre enfance, votre sœur et vous, vous vous plaisiez à jouer ensemble.

141. Moi, toi et lui, nous aimons la chasse. Il veut une paix dont tous les partis soit contents, qui finissent toutes les jalousies, qui apaise tous les ressentiments, qui guérissent toutes les défiances. Sa hardiesse et son courage

paraisse étonnants. Ce sera moi et vous qui seront appelés les premiers. Vos domestiques et vous, vous êtes sortis avant quatre heures. Ton cousin et toi, vous êtes les plus studieux. Moi et toi, nous serons couronnés.

142. Ceux qui s'applique aux petites choses, devient ordinairement incapables des grandes. Le vin et le cidre ruisselait dans la cave. Louis XIV ayant dit au Comte de Grammont, je sais votre âge, l'Evêque de Senlis, qui à 84 ans, m'a donné pour époque que vous avez étudié ensemble dans la même classe. Cet Evêque, Sire, répliquas le Comte, n'accusent pas juste; car ni moi ni lui n'avons jamais étudié. Votre frère, vous et moi, nous lirons ensemble cette nouvelle brochure.

RÉGIME DES VERBES ACTIFS.

On appelle verbe *actif* celui après lequel on peut mettre, *quelqu'un, quelque chose. Aimer* est un verbe actif, parce qu'on peut dire, *aimer quelqu'un.* Par exemple, *j'aime Dieu ;* ce mot qui suit le verbe actif, s'appelle le *régime direct* de ce verbe. On connaît le régime direct en faisant la question *qu'est-ce que ?* Exemple : *qu'est-ce que j'aime ?* Réponse : *Dieu. Dieu* est le régime direct du verbe *j'aime.*

Règle. Le régime direct d'un verbe actif se place ordinairement après le verbe, quand ce n'est pas un pronom.

Exemples ; J'aime Dieu. Le chat mange

la souris : la souris est le régime direct du verbe *mange.*

Mais quand le régime direct est un pronom, il se met devant le verbe.

Exemple : Je vous *aime,* pour *j'aime* vous ; *il* m'*aime,* pour *il aime* moi.

Remarque. Outre ce premier régime, qu'on appelle *direct,* certains verbes actifs peuvent avoir un second régime, qu'on appelle *indirect :* ce second régime se marque par les mots *à* ou *de :* comme *donner une image à l'enfant ; enseigner la grammaire à l'enfant ; écrire une lettre à son ami : à l'enfant,* est le régime indirect des verbes *donner, enseigner ; à son ami,* est le régime indirect du verbe *écrire. Accuser quelqu'un de mensonge ; avertir quelqu'un d'une faute ; délivrer quelqu'un du danger : de mensonge,* est le régime indirect du verbe *accuser,* etc.

VERBES PASSIFS.

Tout verbe actif a un *passif :* ce passif se forme en prenant le régime direct de l'actif, pour en faire le sujet du verbe passif ; et en ajoutant après le verbe le mot *par* ou *de.* Ainsi, pour tourner par le passif cette phrase : *le chat mange la souris,* dites : *la souris est mangée* par *le chat : j'aime mon père tendrement,* dites : *mon père est tendrement aimé de moi.*

Il n'y a qu'une seule conjugaison pour tous les verbes passifs : elle se fait avec l'auxiliaire *être* dans tous ses temps, et le participe passé du verbe qu'on veut conjuguer.

CONJUGAISON DES VERBES PASSIFS.

INDICATIF.

PRÉSENT.

Je suis aimé, *ou* aimée.
Tu es aimé, *ou* aimée.
Il est aimé, *ou* elle est ai-
méc.
Nous sommes aimés, *ou* ai-
mées.
Vous êtes aimés, *ou* aimées.
Ils sont aimés, *ou* elles sont ai-
mées.

IMPARFAIT.

J'étais aimé, *ou* aimée.
Tu étais aimé, *ou* aimée.
Il était aimé, *ou* elle était ai-
mée
Nous étions aimés, *ou* aimées.
Vous étiez aimés, *ou* aimées.
Ils étaient aimés, *ou* elles
étaient aimées.

PRÉTÉRIT DÉFINI.

Je fus aimé, *ou* aimée.
Tu fus aimé, *ou* aimée.
Il fut aimé, *ou* elle fut aimée.
Nous fûmes aimés, *ou* aimées.
Vous fûtes aimés, *ou* aimées.
Ils furent aimés *ou* elles furent
aimées.

PRÉTÉRIT INDÉFINI.

J'ai été aimé, *ou* aimée.
Tu as été aimé, *ou* aimée
Il a été aimé, *ou* elle a été ai-
mée.
Nous avons été aimés, *ou* ai-
mées.
Vous avez été aimés, *ou* ai-
mées
Ils ont été aimés, *ou* elles ont
été aimées.

PRÉTÉRIT ANTÉRIEUR.

J'eus été aimé, *ou* aimée.

Tu eus été aimé, *ou* aimée.
Il eut été aimé, *ou* elle eut été
aimée.
Nous eûmes été aimés, *ou* aimées.
Vous eûtes été aimés, *ou* aimées.
Ils eurent été aimés, *ou* elles
eurent été aimées.

PLUS-QUE-PARFAIT.

J'avais été aimé, *ou* aimée.
Tu avais été aimé, *ou* aimée.
Il avait été aimé, *ou* elle avait
été aimée.
Nous avions été aimés, *ou* ai-
mées.
Vous aviez été aimés, *ou* ai-
mées.
Ils avaient été aimés, *ou* elles
avaient été aimées.

FUTUR.

Je serai aimé, *ou* aimée.
Tu seras aimé, *ou* aimée.
Il sera aimé, *ou* elle sera ai-
mée.
Nous serons aimés, *ou* aimées.
Vous serez aimés, *ou* aimées.
Ils seront aimés, *ou* elles seront
aimées.

FUTUR PASSÉ.

J'aurai été aimé, *ou* aimée.
Tu auras été aimé, *ou* aimée.
Il aura été aimé, *ou* elle aura
été aimée.
Nous aurons été aimés, *ou* ai-
mées.
Vous aurez été aimés, *ou* aimées.
Ils auront été aimés, *ou* elles
auront été aimées.

CONDITIONNEL.

PRÉSENT.

Je serais aimé, *ou* aimée.

Tu serais aimé, *ou* aimée.
Il serait aimé, *ou* elle serait aimée.
Nous serions aimés, *ou* aimées.
Vous seriez aimés, *ou* aimées.
Ils seraient aimés, *ou* elles seraient aimées.

PASSÉ.

J'aurais été aimé, *ou* aimée.
Tu aurais été aimé, *ou* aimée.
Il aurait été aimé, *ou* elle aurait été aimée.
Nous aurions été aimés, *ou* aimées.
Vous auriez été aimés, *ou* aimées.
Ils auraient été aimés, *ou* elles auraient été aimées.

On dit aussi : *j'eusse été aimé, ou aimée, tu eusses été aimé, ou aimée, il eût été aimé, ou elle eût été aimée; nous eussions été aimés, ou aimées, vous eussiez été aimés, ou aimées, ils eussent été aimés,* ● *elles eussent été aimées.*

IMPÉRATIF.

Point de première personne.

Sois aimé, *ou* aimée.
Qu'il soit aimé, *ou* qu'elle soit aimée.
Soyons aimés, *ou* aimées.
Soyez aimés, *ou* aimées.
Qu'ils soient aimés, *ou* qu'elles soient aimées.

SUBJONCTIF.

PRÉSENT OU FUTUR.

Que je sois aimé, *ou* aimée.
Que tu sois aimé, *ou* aimée.
Qu'il soit aimé, *ou* qu'elle soit aimée.
Que nous soyons aimés, *ou* aimées.
Que vous soyez aimés, *ou* aimées.

Qu'ils soient aimés, *ou* qu'elles soient aimées.

IMPARFAIT.

Que je fusse aimé, *ou* aimée.
Que tu fusses aimé, *ou* aimée.
Qu'il fût aimé, *ou* qu'elle fût aimée.
Que nous fussions aimés, *ou* aimées.
Que vous fussiez aimés, *ou* aimées.
Qu'ils fussent aimés, *ou* qu'elles fussent aimées.

PRÉTÉRIT.

Que j'aie été aimé, *ou* aimée.
Que tu aies été aimé, *ou* aimée.
Qu'il ait été aimé, *ou* qu'elle ait été aimée.
Que nous ayons été aimés, *ou* aimées.
Que vous ayez été aimés, *ou* aimées.
Qu'ils aient été aimés, *ou* qu'elles aient été aimées.

PLUS-QUE-PARFAIT.

Que j'eusse été aimé, *ou* aimée.
Que tu eusses été aimé, *ou* aimée.
Qu'il eût été aimé, *ou* qu'elle eût été aimée.
Que nous eussions été aimés, *ou* aimées.
Que vous eussiez été aimés, *ou* aimées.
Qu'ils eussent été aimés, *ou* qu'elles eussent été aimées.

INFINITIF.

PRÉSENT.

Être aimé, *ou* aimée.

PRÉTÉRIT.

Avoir été aimé, *ou* aimée.

<table>
<tr><td>PARTICIPE.
PRÉSENT.
Étant aimé, ou aimée.</td><td>PASSÉ.
Ayant été aimé, ou aimée.</td></tr>
</table>

Ainsi se conjuguent être fini, être reçu, être rendu, etc., etc.

RÉGIME DES VERBES PASSIFS.

Règle. On met *de* ou *par* devant le nom ou pronom qui suit le verbe passif.

Exemples : La souris est mangée par *le chat. Un enfant sage est aimé de ses parens.*

· *Remarque.* N'employez jamais *par* avec le nom *Dieu* ; dites : *Les méchants seront punis de Dieu*, et non pas : *seront punis* par *Dieu.*

Verbes actifs à mettre au passif.

143. Les oies mangent (1) l'herbe. Le cuisinier tue des poulets. Le soleil éclaire la terre. J'aime Dieu. La mère chérit ses enfants. Romulus fonda Rome. Henri IV aimait le peuple.

144. Nous avions fermé la porte. Il fera son devoir. Qu'ils étudient leur leçon. Nous parcourons tout le pays. Vous le poursuivez. Il ne la connaissait pas. Il me montra.

145. Tout le monde les craint. Elles nous eût protégés. Ils rachetèrent des esclaves. Je cueillerais des fruits. Il corrompait les jeunes gens. Vous n'entreprendrez pas cette affaire. Les honnêtes gens là respectent.

---

(1) Le participe d'un verbe passif s'accorde en genre et en nombre avec le sujet de ce verbe.

VERBES NEUTRES.

On appelle *neutres*, les verbes après lesquels on ne peut pas mettre *quelqu'un* ni *quelque chose* : *languir*, *dormir*, sont des verbes neutres, parce qu'on ne peut pas dire *languir quelqu'un*, *dormir quelque chose*, etc. On les appelle *neutres*, parce qu'ils ne sont ni *actifs* ni *passifs*.

La plupart des verbes neutres se conjuguent comme les verbes actifs, avec l'auxiliaire *avoir* : *je dors*, *j'ai dormi*, *j'avais dormi*, *j'aurais dormi*, etc.

Mais il y a des verbes neutres qui se conjuguent dans leurs temps composés avec l'auxiliaire *être*, comme *venir*, *arriver*, *tomber*, etc.

CONJUGAISON DES VERBES NEUTRES.

INDICATIF.

PRÉSENT.

Je tombe.
Tu tombes.
Il *ou* elle tombe.
Nous tombons.
Vous tombez.
Ils *ou* elles tombent.

IMPARFAIT.

Je tombais.
Tu tombais.
Il *ou* elle tombait.
Nous tombions.
Vous tombiez.
Ils *ou* elles tombaient.

PRÉTÉRIT DÉFINI.

Je tombai.
Tu tombas.
Il *ou* elle tomba.
Nous tombâmes.
Vous tombâtes.
Ils *ou* elles tombèrent.

PRÉTÉRIT INDÉFINI.

Je suis tombé, *ou* tombée.
Tu es tombé, *ou* tombée.
Il est tombé *ou* elle est tombée.
Nous sommes tombés, *ou* tombées.
Vous êtes tombés, *ou* tombées.
Ils sont tombés, *ou* elles sont tombées.

PRÉTÉRIT ANTÉRIEUR.

Je fus tombé, *ou* tombée.
Tu fus tombé, *ou* tombée.
Il fut tombé, *ou* elle fut tombée.
Nous fûmes tombés, *ou* tombées.
Vous fûtes tombés, *ou* tombées.
Ils furent tombés, *ou* elles furent tombées.

PLUS-QUE-PARFAIT.

J'étais tombé, *ou* tombée.
Tu étais tombé, *ou* tombée.
Il était tombé, *ou* elle était tombée.
Nous étions tombés, *ou* tombées.
Vous étiez tombés, *ou* tombées.
Ils étaient tombés, *ou* elles étaient tombées.

FUTUR.

Je tomberai.
Tu tomberas.
Il *ou* elle tombera.
Nous tomberons.
Vous tomberez.
Ils *ou* elles tomberont.

FUTUR PASSÉ.

Je serai tombé , *ou* tombée.
Tu seras tombé , *ou* tombée.
Il sera tombé , *ou* elle sera tombée.
Nous serons tombés , *ou* tombées.
Vous serez tombés , *ou* tombées.
Ils seront tombés , *ou* elles seront tombées.

CONDITIONNEL.

PRÉSENT.

Je tomberais.
Tu tomberais.
Il *ou* elle tomberait.
Nous tomberions.
Vous tomberiez.
Ils *ou* elles tomberaient.

PASSÉ.

Je serais tombé , *ou* tombée.
Tu serais tombé , *ou* tombée.
Il serait tombé , *ou* elle serait tombée.
Nous serions tombés , *ou* tombées.
Vous seriez tombés , *ou* tombées.
Ils seraient tombés *ou* elles seraient tombées.

On dit aussi : *je fusse tombé , ou tombée , tu fusses tombé , ou tombée , il fût tombé , ou elle fût tombée , nous fussions tombés , ou tombées , vous fussiez tombés , ou tombées , ils fussent tombés , ou elles fussent tombées.*

IMPÉRATIF.

Point de première personne.

Tombe.
Qu'il *ou* qu'elle tombe.
Tombons.
Tombez.
Qu'ils *ou* qu'elles tombent.

SUBJONCTIF.

PRÉSENT OU FUTUR.

Que je tombe.
Que tu tombes.
Qu'il *ou* qu'elle tombe.
Que nous tombions.
Que vous tombiez.
Qu'ils *ou* qu'elles tombent.

IMPARFAIT.

Que je tombasse.
Que tu tombasses.
Qu'il *ou* qu'elle tombât.
Que nous tombassions.
Que vous tombassiez.
Qu'ils *ou* qu'elles tombassent.

PRÉTÉRIT.

Que je sois tombé , *ou* tombée.
Que tu sois tombé , *ou* tombée.
Qu'il soit tombé , *ou* qu'elle soit tombée.
Que nous soyons tombés , *ou* tombées.
Que vous soyez tombés , *ou* tombées.
Qu'ils soient tombés , *ou* qu'elles soient tombées.

PLUS-QUE-PARFAIT.

Que je fusse tombé , *ou* tombée.
Que tu fusses tombé , *ou* tombée.
Qu'il fût tombé *ou* qu'elle fût tombée.
Que nous fussions tombés , *ou* tombées.

Que vous fussiez tombés, *ou* tombées.
Qu'ils fussent tombés, *ou* qu'elles fussent tombées.

INFINITIF.

PRÉSENT.

Tomber.

PRÉTÉRIT.

Etre tombé, *ou* tombée.

PARTICIPE.

PRÉSENT.

Tombant.

PASSÉ.

Tombé, tombée, étant tombé *ou* tombée.

Conjuguez de même les verbes *aller, arriver, déchoir, décéder, entrer, sortir, mourir, naître, partir, rester, descendre, monter, passer, venir* et ses composés *devenir, survenir, revenir, parvenir*, etc., etc.

Il y a des verbes neutres qui ont un régime.

RÉGIME DES VERBES NEUTRES.

Règle. On met *à* ou *de* devant le nom ou pronom qui suit le verbe neutre. *Exemple :*

A	DE
Nuire à la santé.	*Médire* de quelqu'un.
Plaire au Seigneur.	*Profiter* des leçons.
Convenir à quelqu'un.	*Jouir* de la liberté.

VERBES RÉFLÉCHIS.

On appelle verbe *réfléchis*, ceux dont le sujet et le régime sont la même personne, comme *je me flatte tu te loues, il se blesse*, etc.

Les verbes *réfléchis* se conjuguent comme le verbe neutre *tomber*, c'est-à-dire, qu'ils prennent l'auxiliaire *être* aux temps composés. Nous ne mettrons ici que les premières personnes.

CONJUGAISON DES VERBES RÉFLÉCHIS.

INDICATIF.

PRÉSENT.

Je me repens.
Tu te repens.
Il *ou* elle se repent.
Nous nous repentons.
Vous vous repentez.
Ils *ou* elles se repentent.

IMPARFAIT.

Je me repentais, etc.

PRÉTÉRIT DÉFINI.

Je me repentis.

PRÉTÉRIT INDÉFINI.

Je me suis repenti, *ou* repentie.

PRÉTÉRIT ANTÉRIEUR.

Je me fus repenti, *ou* repentie.

PLUS-QUE-PARFAIT.

Je m'étais repenti, *ou* repentie.

FUTUR.

Je me repentirai.

FUTUR PASSÉ.

Je me serai repenti, *ou* repentie.

CONDITIONNEL.

PRÉSENT.

Je me repentirais.

PASSÉ.

Je me serais repenti, *ou* repentie.

On dit aussi : *je me fusse repenti*, ou *repentie*.

IMPÉRATIF.

Point de première personne.

Repens-toi.

Qu'il *ou* qu'elle se repente.

Repentons-nous.

Repentez-vous.

Qu'ils *ou* qu'elles se repentent.

SUBJONCTIF.

PRÉSENT OU FUTUR.

Que je me repente.

IMPARFAIT.

Que je me repentisse.

PRÉTÉRIT.

Que je me sois repenti, *ou* repentie.

PLUS-QUE-PARFAIT.

Que je me fusse repenti, *ou* repentie.

INFINITIF.

PRÉSENT.

Se repentir.

PRÉTÉRIT.

S'être repenti, *ou* repentie.

PARTICIPE.

PRÉSENT.

Se repentant.

PASSÉ.

Repenti, s'étant repenti *ou* repentie.

Remarque. Me, te, se, nous, vous, qui sont les régimes des verbes réfléchis, sont quelquefois régime *direct*, comme dans *je me flatte*, c'est-à-dire, *je flatte moi*; *tu te blesseras*, c'est-à-dire, *tu blesseras* toi : et quelquefois ils sont régime *indirect*, comme dans cet exemple : *je me fais une loi*; il s'est *fait honneur*, c'est-à-dire, *il a fait honneur* à soi, etc.

VERBES IMPERSONNELS.

On appelle verbe *impersonnel* celui qui ne s'emploie dans tous les temps qu'à la troisième personne du singulier ; comme *il faut*, *il importe*, *il pleut*, etc. Il se conjugue à cette troisième personne comme les autres verbes.

CONJUGAISON DES VERBES IMPERSONNELS.

INDICATIF.

PRÉSENT.
Il faut.

IMPARFAIT.
Il fallait.

PRÉTÉRIT DÉFINI.
Il fallut.

PRÉTÉRIT INDÉFINI.
Il a fallu.

PRÉTÉRIT ANTÉRIEUR.
Il eut fallu.

PLUSQUE-PARFAIT.
Il avait fallu.

FUTUR.
Il faudra.

FUTUR PASSÉ.
Il aura fallu.

CONDITIONNEL.

PRÉSENT.
Il faudrait.

PASSÉ.
Il aurait fallu.

SUBJONCTIF.

PRÉSENT OU FUTUR.
Qu'il faille.

IMPARFAIT.
Qu'il fallût.

PRÉTÉRIT.
Qu'il ait fallu.

PLUS-QUE-PARFAIT.
Qu'il eût fallu.

INFINITIF.

PRÉSENT.
Falloir.

PARTICIPE.

PASSÉ.
Ayant fallu.

Remarque. Le mot *il* ne marque un verbe *impersonnel* que lorsqu'on ne peut pas mettre un nom à sa place ; car lorsqu'en parlant d'un enfant, on dit : *il joue* ; ce n'est pas un impersonnel, parce qu'à la place du mot *il*, on peut mettre *l'enfant*, et dire : *l'enfant joue.*

Analyse des différentes sortes de verbes, de leurs sujets et de leurs régimes : en exprimer le mode, le temps, la personne et le nombre.

146. J'étudie ma leçon. Tu écris une lettre. Il chante une chanson. Nous avons vu votre frère.

147. Vous aviez acheté son cheval. Ils aimaient leur mère. Elles paieront leurs dettes. Nous mangerions une perdrix.

148. Georges a voyagé; il a parcouru l'Europe. Elle plait *à* (1) ses parents. La canaille fut repoussée *par* les troupes.

149. Mettez cette lettre *à* la poste. Il meurt *de* faim. Nos soldats ont battu l'ennemi. L'assemblée examina la question, *et* envoya sa réponse au Roi.

150. Mes amis sont partis. Nous vous estimons. Je vous dis la vérité. Tu me plains, et je te console. Il m'a dit un mensonge.

151. Elle t'a conté une fable. Il n'aime pas les écoliers qui ne veulent pas travailler. L'homme savant qui parle, ressemble à l'homme généreux qui donne.

152. Vous le frappez. Il vous proposerait une question. Tu lui reprochais sa paresse. On leur pardonne cette faute.

---

(1) On n'analyse pas les mots en *italiques*.

153. Nous te donnâmes un bon conseil, que tu *ne* suivis pas. On m'enverra un paquet. Cette personne m'aurait trompé.

154. Il vous aura remis cette somme. Je t'ai vu. Nous t'avions donné rendez-vous. Ils nous eussent aperçus. Chacun s'empressa *de* nous apprendre cette nouvelle.

155. *A* qui a-*t*-on envoyé ces marchandises? Que dites-vous *de* cette affaire? Acceptez le présent que vous fait madame.

156. Je me trompais. Tu te leveras. Il se tourmenterait. Nous nous sommes perdus. Vous vous seriez donné cette peine.

157. Il s'était cassé le bras. Elle s'est coupée au doigt. Je me suis blessé *à* la jambe. Vous vous feriez un meilleur sort.

158. Quelqu'un exige cela de toi. Donnez-moi votre place. Prends cette plume, donne-la-lui. Rendez-moi mon écritoire. C'est moi qui me trompe.

159. C'était toi qui jouais. Ce fut nous qui te secourûmes. Qui crie? Vous conviendrez du prix. Il suffit *que* vous soyez arrivé.

160. Elles se conduisent *bien.* Cet enfant est aimé *de* ses parents. La maison sera bâtie *par* ce charpentier. Il faut que j'aille *à* Dunkerque.

161. Il importait *que* je fisse mon devoir. Apportez-moi *l'*argent que vous avez. Vous eussiez été vu. Rappelle-toi ce que je t'ai dit. Il neigea.

CHAPITRE VI.

SIXIÈME ESPÈCE DE MOTS,

Le Participe.

LE *Participe* est un mot qui tient du verbe et de l'adjectif, comme *aimant*, *aimé :* il tient du verbe, en ce qu'il en a la signification et le régime : *aimant Dieu, aimé de Dieu :* il tient aussi de l'adjectif, en ce qu'il qualifie une personne ou une chose, c'est-à-dire, qu'il en marque la qualité, comme *palais habité, loi respectée.*

Accord des Participes.

I. PARTICIPE PRÉSENT, *aimant, finissant, recevant, rendant.*

Règle. Le participe présent ne varie jamais, c'est-à-dire, qu'il ne prend ni genre, ni nombre. *Exemples.*

Un homme lisant.	*Une femme* lisant.
Des hommes lisant.	*Des femmes* lisant.

Remarque. Ce qu'on appelle *gérondif* n'est autre chose que le participe présent (1), devant lequel on met le mot *en*, comme : *les jeunes*

---

(1) Il ne faut pas confondre avec le participe présent certains adjectifs verbaux (c'est-à-dire qui viennent des verbes). On dit : *un homme obligeant, une femme obligeante* ; ce ne sont pas des participes, parce qu'ils n'ont pas de régime ; mais quand je dis : *cette femme est d'un bon caractère, obligeant tout le monde quand elle peut ; obligeant* est ici *participe*, puisqu'il a le régime *tout le monde.*

gens se forment l'esprit en lisant de bons livres.

Exercices sur l'accord des participes présents et adjectifs verbaux.

A corriger.

162. Les bœufs mugissant et les brebis bê-lante venaient en foule ; ils ne pouvaient trouver assez d'étables pour être mis à couvert. Les maîtres apprennent en enseignants, aussi bien que les écoliers en étudiants. Vous avez choisi une couleur bien changeantes. Quelle perte il a faite en perdants son frère ! Ils vont rampants devant les grands, afin d'être insolents avec leurs égaux.

163. Une agréable langueur, s'emparant in-sensiblement de mes sens, suspendit l'activité de mon âme. Voyez cette vaste nappe d'eau dormant : quoiqu'elle n'ait aucun cours, les vents agitants sa surface, entretiennent sa pu-reté. Elle est loin de ressembler à ces marais croupissants, exhalants une odeur bitumineuse et fétide. Des poissons innombrables, vivants dans son sein, sont destinés à la table du maître.

164. La ville ayant été prise et mise au pil-lage, le soldat y fit un immense butin. Deux barques, voguante à toutes voiles, et fuyant l'ouragan dont elles sont menacées, cherchent à gagner le bord. Les vents, soufflants avec force, sifflants dans les cordages, s'opposent à la

manœuvre. Ces gens-là sont les plus obligeant
que je connaisse.

II. Participe passé, *aimé, fini, reçu, rendu.*

Le participe passé s'accorde ou avec son
sujet, ou avec son régime direct.

*Exercices sur le participe passé sans
auxiliaire* (1).

165. Une fleur fané peut quelquefois reprendre son éclat; mais une fleur flétri n'y revient plus. Il faut se tenir sur ses gardes avec
les personnes violentes; et il ne faut souvent
que de la patience avec les personnes emporté.
Éclairé par la critique des uns, encouragé par
l'éloge des autres, il retoucha son ouvrage avec
beaucoup de soin. Nous voici, disaient-ils,
rendu à la maison bien fatigué. Elles ont paru
ébranlé, attendri.

166. Les animaux privé le sont naturellement; les apprivoisé le sont par l'art et par l'in-
dustrie de l'homme. La cinquième édition de
cet ouvrage, revu, corrigé et augmenté par l'auteur, est la meilleure qui ait encore paru. Ma
table renversé, mon papier déchiré, mes livre
tombé, mes plumes écrasé, mon encre épan-
ché : voilà le désordre qui s'offrit à ma vue,

---

(1) Un participe passé qui n'est accompagné d'aucun
auxiliaire, se nomme *adjectif verbal*, et s'accorde en genre
et en nombre avec le nom ou pronom auquel il se rapporte.

lorsque j'entrai dans ma chambre. Il y a des sottises bien habillé, comme il y a des sots bien vêtu.

_____

Accord du Participe passé avec le Sujet.

Première règle. Le participe-passé, quand il est accompagné du verbe auxiliaire *être*, s'accorde en genre et en nombre avec son sujet ou nominatif, c'est-à-dire, que l'on ajoute *e*, si le sujet est féminin, et *s*, si le sujet est pluriel. *Exemples :*

Mon frère a été puni.	*Ma sœur a été* punie.
Mes frères ont été punis.	*Mes sœurs ont été* punies(1).
Mon frère est tombé.	*Ma sœur est* tombée.
Mes frères sont tombés.	*Mes sœurs sont* tombées.

Exception unique. Dans les temps composés des verbes *réfléchis*, le participe ne s'accorde pas avec son sujet; on dit d'une femme : *elle s'est* mis *cela dans la tête* (et non pas *mise*); *quelques païens se sont* donné *la mort* (et non pas *donnés*).

Deuxième règle. Mais quand le participe passé est accompagné du verbe auxiliaire *avoir*, il ne s'accorde jamais avec son sujet. *Exemples :*

Mon père a écrit *une lettre.*	*Ma mère* a écrit *une lettre.*
Mes frères ont écrit *une lettre.*	*Mes sœurs* ont écrit *une lettre.*

Le participe *écrit* ne change point, quoique le nominatif soit masculin ou féminin, singulier ou pluriel.

_____

(1) Le participe *été* n'a ni féminin, ni pluriel ; on dit : *elle a été, ils ont été.*

Exercices sur l'accord du participe passé avec son sujet ou nominatif.

167. Le ciel est cette cité permanente où les justes seront reçu après cette vie. Les belles choses ont besoin d'être bien écrite, comme les pierres précieuses d'être bien enchâssés. Les sciences sont toujours protégé par les gouvernements éclairé. Les armes à feu n'étaient pas connu des anciens. Elle est venu nous apporter toutes sortes de rafraîchissements. Aussitôt que mes tantes seront rentré, je me rendrai chez vous.

168. Elles se sont donné la peine de m'écouter. Mes sœurs sont occupé à dessiner. Les dames de la cour se sont imposé des lois. Nous oublions aisément nos fautes, lorsqu'elles ne sont su que de nous. Les lois sont faite pour notre bonheur; nous devons donc obéir aux lois. Les hommes se sont bâti des villes pour leur sûreté. Ils se sont proposé des questions bien difficiles à résoudre.

169. Les hommes passent comme les fleurs qui, épanoui le matin, le soir sont flétri et foulé aux pieds. Lucrèce s'est donné la mort, ne pouvant survivre à l'affront qu'elle avait reçu de Tarquin. Cette dame s'est mis bien des chimères dans la tête. Les gens de mérite étaient connu dès Perses, et ils n'épargnaient rien pour les gagner. Plusieurs villes de la Grèce et

de l'Asie mineure se sont disputé l'honneur d'avoir été le berceau d'Homère.

170. Nous sommes enfin venu à ce grand empire qui a englouti tous les empires de l'univers, et d'où sont sorti les plus grands royaumes du monde que nous habitons. Heureux les princes qui n'ont usé de leur pouvoir que pour faire du bien. Ces deux enfants ont joué toute la journée. Nous avons vu votre tante, et nous lui avons parlé. Votre tuteur m'a écrit ce matin, et il m'a demandé si vous aviez fait quelques progrès depuis que vous êtes ici; je lui ai répondu que vous n'aviez rien négligé pour vous instruire, et qu'il aura lieu d'être satisfait de vous.

Accord du Participe passé avec le Régime.

Première règle. Le participe passé s'accorde toujours avec son régime direct, quand ce régime est devant le participe. *Exemples :*

La lettre que vous avez écrite, *je l'ai* lue.
Les livres que j'avais prêtés, *on les a* rendus.
Quelle affaire avez-vous entreprise?
Combien d'ennemis n'a-t-il pas vaincus !
Quand la race de Caïn sut multipliée.....

On voit que le régime direct mis devant le participe est ordinairement pronom : *que, me, te, se, le, la, nous, vous, les, quels* (1).

---

(1) Autrefois on mettait deux exceptions; 1°. quand le sujet est après le participe, comme : *la leçon que vous ont* donné *vos maîtres ;* 2°. quand le participe est suivi d'un adjectif qui fait partie du régime, comme : *Adam et Eve que*

Deuxième règle. Mais quand le régime direct n'est placé qu'après le participe, ce participe ne s'accorde pas avec son régime. *Exemples :*

J'ai écrit une lettre.	*J'ai écrit des lettres.*
Vous avez acheté un livre.	*Vous avez acheté des livres.*

Écrit, acheté, ne changent pas, quoique le régime direct soit singulier ou pluriel, masculin ou féminin, parce que ce régime est après le participe.

Remarque. On dit, sans faire accorder le participe : *les vertus que j'ai* entendu *louer, les vices que j'ai* résolu *d'éviter : que* n'est pas ici le régime direct des participes *entendu, résolu,* mais des infinitifs suivans, *louer, éviter.*

Pour connaître si le régime direct dépend du participe, il faut voir si l'on peut mettre ce régime immédiatement après le participe. On ne peut pas dire ici : *j'ai entendu les vertus ; j'ai résolu les vices.*

Exercices sur l'accord du participe passé avec son régime.

171. La gloire que nos ancêtres nous ont laissé, est un héritage ont le seul mérite peut nous mettre en possession. J'ai lu toutes les lettres que vous m'avez écrite. C'est moi qui ai écrit toutes les lettres que vous avez reçu de chez nous. N'est-ce pas toi, Julie, que j'ai ren-

---

Dieu avoit créé *innocens.* Mais c'est à tort ; il faut, dans le premier exemple, *donnée ;* et, dans le second, il faut *créés.* (*Essais de Grammaire* par d'Olivet).

contré à la promenade ? Les bonnes œuvres que
nous avons fait, ne seront jamais perdu pour
nous. Rien ne peut égaler l'ardeur des troupes
que j'ai vu.

172. L'instruction publique qu'on a tant négligé jusqu'à présent, peut seule opérer la ré-
forme des mœurs qu'une licence excessive a
corrompu. Toutes les lettres que j'ai reçu con-
firment cette nouvelle importante. La vie agité
que j'ai mené jusqu'à présent me fait soupirer
après la retraite. Les sciences que vous avez
étudié vous seront infiniment utiles. Les personnes que vous avez instruite, me paraissent
pleines de bon sens et de goût.

173. Quelles démarches n'ai-je pas faite ?
Quelles fortunes la révolution n'a-t-elle pas
renversé ? Quels pleurs n'a-t-elle pas versé ?
Quels soupirs n'a-t-elle pas poussé! Quelles sottises vous a-t-il dit. Je n'ai pas vu les livres
que vous avez acheté. Les hommes que j'ai vi-
sité dans la prison sont en bonne santé ; mais
ceux que j'ai vu sur l'échaffaud, étaient à demi-
mort, et très-repentant. A-t-elle trouvé ses parents ? Elle ne les a pas trouvé.

174. Les hommes qu'ils ont obligé à travailler, sont parti. J'ai perdu la lettre que vous
m'avez écrit; mais je l'ai montré à ma mère,
qui est très-fâché contre vous. Les fautes que
vos frères ont fait, sont irréparables. Ce malheur les a presque ruiné; mais il ne les a pas
rendu plus sages. Le écoliers que j'ai eu, ont fait
de grands progrès. J'ai renvoyé les livres que

vous m'aviez prêté. Le Dieu Mercure est un de ceux que les anciens ont le plus multiplié.

175. Pénélope sa femme, et moi qui suis son fils, nous avons perdu l'espérance de le revoir. Ce jour est un de ceux que j'ai consacré aux larmes. La langue qu'ont écrit Cicéron et Virgile, vivra toujours par leurs écrits. J'aurais voulu éviter d'entrer dans des détails; mais je les ai cru nécessaires. Les tribuns demandèrent à Clodius l'exécution de la promesse que leur avait fait le consul Valérius. Les personnes dont vous m'avez annoncé la visite, ne sont pas venu.

176. Pygmalion ne mangeait que des fruits qu'il avait cueilli lui-même dans son jardin, où des légumes qu'il avait semé, et qu'il faisait cuire. La froideur qu'ont témoigné les tribuns, a déconcerté ses vues. C'est ordinairement la peine que s'est donné (1) un auteur à limer et à perfectionner ses écrits, qui fait que le lecteur n'a point de peine en les lisant.

> Toutes les dignités que tu m'as demandé,
> Je te les ai, sur l'heure et sans peine, accordé.

177. Ils se sont donné un rendez-vous pour terminer le différend. Les lois que s'étaient imposé les premiers chrétiens, étaient pleines de sagesse. Cette ville s'est rendu florissante par son commerce. Saint-Augustin ne veut pas

______

(1) Le participe d'un verbe réfléchi s'accorde avec son régime direct, si ce régime est avant le participe; mais il est invariable, si le régime est après.

qu'on dise que Dieu nous a fait juste; mais il ne dit qu'il nous fait justes continuellement. Les absences qu'a fait cet écolier, n'ont pas peu contribué à lui inspirer le dégoût du travail. Les exploits d'Alexandre on été vanté par quelques historiens : pour moi, loin de les admirer, je les ai toujours jugé dignes de blâme.

178. Pratiquez les vertus que vous avez entendu louer. Les figures que vous avez appris à dessiner, sont de toute beauté. Il ne faut jamais s'écarter de la bonne route que l'on a commencé à suivre. Je sais la leçon que vous m'avez donné à étudier. Où sont allé les enfants que vous avez vu jouer ? Les personnes que nous avons entendu chanter, s'en sont allé de bonne heure. Voilà les ennemis que la reine a eu à combattre, et que, ni sa prudence, ni sa fermeté n'ont pu vaincre.

179. Les mesures que vous m'avez dit de prendre, n'ont pas réussi. Connaissez-vous les personnes que vous avez vu passer? Les règles que j'ai commencé à expliquer me paraissent aisé à saisir. Les sciences que vous n'avez pas voulu que j'étudiasse, me seraient aujourd'hui d'une grande utilité. Ce n'est pas là la conduite que j'ai supposé que vous tiendriez. N'ont-ils pas toutes les affaires que j'ai prévu qu'ils auraient ? Ils étaient dans la rue; je les ai fait entrer.

Récapitulation des participes.

180. Cette montagne étant très - élevée, et ainsi dominant une grande étendu de pays, était très-propres a nos observations. Cette femme est d'un bon caractère, obligeant tout le monde, lorsqu'il est en son pouvoir de le faire. Du temps d'Abraham, les menaces du vrai Dieu étaient rédouté de Pharaon, roi d'Égypte; mais, au temps de Moïse, toutes les nations étaient perverti; et le monde, que Dieu avait fait pour manifester son pouvoir, était devenu un temple d'idoles. Les Romains ont successivement triomphé des nations les plus belliqueuses.

181. On a rarement vu un grand fonds de bon sens dans un homme d'imagination. Les Lettres et l'Ecriture ont été inventé pour peindre la parole. Titus a rendu sa femme maîtresse de tous ses biens. Plusieurs arbres ont été abattu; je les ai entendu tomber. Je me suis donné bien des peines. Les chaleurs excessives qu'il a fait cet été, ont beaucoup nui à la récolte. J'ai loué les maisons que j'ai fait bâtir. Les grands changements qu'il y a eu dans l'administration, ont étonné bien des personnes. On nous a vu; mais on ne nous a pas parlé.

182. Les coupables qu'on a condamné à mort, sont rentré dans la prison. Votre père vous a donné de bons conseils, que vous n'avez jamais voulu suivre. Que d'éloges ne sont pas dû aux personnes qui se sont toujours imposé l'o-

bligation bien douce de protéger le mérite indigent? Boileau est un poète célèbre par la critique judicieuse qu'il a exercé sur les écrivains de son siècle. On jugera des éloges qu'a reçu l'auteur de cette jolie pièce, par les grandes difficultés qu'il a eu à surmonter, et qu'il a surmonté en effet.

183. La Lusiade peut passer pour un des plus beaux poëmes qu'on ait jamais lu depuis Homère et Virgile. On vous a vu, ma sœur, mais on ne vous a pas reconnu. Les pigeons que vous avez vu voler au-dessus de la maison, et qui se sont ensuite perché sur le toît, ne sont pas les mêmes que vous avez vu voler par les accusés dont on plaide l'affaire aujourd'hui. Voilà, mon fils, disait une tendre mère, le sujet des larmes que tu m'as vu verser. Timoléon fit revenir les habitans que la cruauté du tyran avait forcé de s'exiler. .

184: Les personnes que vous avez vu avec nous, sont des gens qui craignent Dieu, qui aiment la vertu. Elle a rencontré votre père et votre sœur en venant ici. On a dit à ma mère que votre sœur se ressouvenant des injures qu'elle avoit reçu de votre frère, s'est refusé de le voir depuis ce temps. Votre tante ayant donné les ordres nécessaires à vos cousins, est parti immédiatement pour Paris.

> Je vois ces murs sanglant, ces portes embrasé,
> Sous ses lambris fumant, ces femmes écrasé.
> . . . Rome, subjuguant l'univers abattu,
> Ne vaut pas un hameau qu'habite la vertu.

185. Je n'ai pas vu votre famille depuis qu'elle est arrivé de France; paraît-elle satisfaite de son voyage? Les maisons qu'on a bâti pendant l'hiver, ne sont pas aussi saines que celle qu'on a commencé au printemps, et qu'on a fini au milieu de l'été. Les personnes vertueuses sont aimé et respecté de tout le monde, et même des méchants. J'ai lu tous les livres que vous m'avez prêté. Avez-vous vu les marchandises que j'ai reçu. Si vous pouvez venir avec moi, je vous montrerai la personne que j'ai entendu chanter.

186 Mesdames, lui avez-vous rendu les lettres qu'elles vous avait prié de lire? Où avez-vous acheté ces gants? Je les ai acheté en France. Plusieurs personnes se sont présenté à la porte; la sentinelle les a laissé passer. C'est une belle chanson que j'ai entendu chanter plusieurs fois. La langue que j'ai commencé d'apprendre, est fort utile. Je vous ai rendu tous les services que j'ai pu. Vous avez obtenu de lui toutes les faveurs que vous avez voulu. Elle a fait toutes les démarches qu'elle a dû.

CHAPITRE VII.

SEPTIÈME ESPÈCE DE MOTS.

La Préposition.

LA *Préposition* est un mot qui sert à joindre le nom ou pronom suivant au mot qui la précède : par exemple, quand je dis : *le fruit* de *l'arbre ; de* marque le rapport qu'il y a entre *fruit* et *arbre :* quand je dis *: utile* à *l'homme ; à* fait rapporter le nom *homme* à l'adjectif *utile :* quand je dis : *j'ai reçu* de *mon père ; de* sert à joindre le nom *père* au verbe *reçu,* etc. *De, à,* sont des prépositions ; le mot qui suit s'appelle le *régime* de la *préposition.*

Cette espèce de mots s'appelle *préposition,* parce qu'elle se met ordinairement devant le nom qu'elle régit.

Des différentes sortes de Prépositions.

Pour marquer la place ou le lieu.

A. Attacher *à* la muraille ; vivre *à* Paris ; aller *à* Rome.

Dans. Être *dans* la maison ; serrer *dans* une cassette.

En. Être *en* Italie ; voyager *en* Allemagne.

De. Sortir *de* la ville ; venir *de* la province.

Chez. Être *chez* un ami ; ce livre est *chez* le libraire.

Devant. Le berger marche *devant* le troupeau ; allez *devant* moi.

Après. J'irai *après* vous ; courir *après* quelqu'un.

Derrière. Le troupeau marche *derrière* le berger ; se cacher *derrière* un mur.

Parmi. Cet officier fut trouvé *parmi* les morts.

Sur. Avoir son chapeau *sur* la tête ; mettre un flambeau *sur* la table.

Sous. Mettre un tapis *sous* les pieds : tout ce qui est *sous* le ciel.

Vers. Les yeux levés *vers* le ciel ; l'aimant se tourne *vers* le nord.

Pour marquer l'ordre.

Avant. La nouvelle est arrivée *avant* le courrier.

Entre. Tenir un enfant *entre* ses bras ; *entre* le printemps et l'automne.

Dès. Cette rivière est navigable *dès* sa source ; *dès* sa plus tendre enfance.

Depuis. Depuis Paris jusqu'à Orléans ; *depuis* la Création jusqu'au Déluge.

Pour marquer l'union.

Avec. Manger *avec* ses amis ; il est parti *avec* la fièvre.

Pendant. Pendant la guerre.

Durant. Durant la guerre.

Outre. Compagnie de cent hommes, *outre* les officiers.

Selon. Se conduire *selon* la raison.

Suivant. Suivant la loi.

Pour marquer séparation.

Sans. Les soldats *sans* leurs officiers.

Hors. Tout est perdu, *hors* l'honneur.

Excepté. Tout est perdu, *excepté* l'honneur.

Pour marquer opposition.

Contre. Ecoliers révoltés *contre* le maître ; plaider *contre* quelqu'un.

Malgré. Il est parti *malgré* moi.

Nonobstant. Il a fait cela, *nonobstant* mes représentations.

Pour marquer le but.

Envers. Charitable *envers* les pauvres; son respect *envers* ses parents.

Touchant. Il m'a écrit *touchant* cette affaire.

Pour. Travailler *pour* le bien public; étudier *pour* son instruction.

Pour marquer la cause, le moyen.

Par. Fléchir *par* ses prières; tout a été créé *par* la parole de Dieu.

Moyennant. J'espère *moyennant* la grâce de Dieu.

Attendu. Le courrier n'a pu partir, *attendu* le mauvais temps.

––––––

Exercices sur l'analyse des différentes sortes de prépositions et de leurs régimes.

187. Elle vient de Marseille. J'allais chez vous. Il est derrière la porte. Mon chien court après un lièvre. Nous sortirons avant six heures. Vous l'avez vu dès sa naissance. Amusez-vous pendant son absence. Selon moi, vous avez tort.

188. Ne sortez pas sans nous. Il a fait cela malgré ses parents. Nous ne sommes pas assez charitables envers les pauvres. Tout a été créé par la toute-puissance de Dieu. Mettons-nous sous cet arbre. La chandelle est sur la table.

189. On punira les écoliers qui sont sortis sans permission. Pourquoi ne restez-vous pas dans votre chambre? Il y a une voiture devant

la porte. Il passèrent près de moi sans me voir. Ils se sont bien comportés envers tout le monde.

190. Un homme sincère parle et agit suivant sa pensée. Il arriva ici de bonne heure après vous. Ne la voyez-vous pas se promener avec son père? Ils sont fâchés contre nous. Je me plaisais bien en Italie. On le trouva parmi les morts.

191. Je ne l'ai pas entendu depuis son départ. Vous trouverez une lettre derrière le miroir. Dès ce moment je vous crois. Ne vous mettez pas devant moi. Les troupes ont campé durant tout l'hiver. Ne dites à personne ce qui s'est passé entre vous et moi.

192. Vous a-t-on écrit concernant cette affaire? ne soyez pas injuste envers votre prochain. Il arriva vers huit heures. Prenez ce que vous voulez, excepté mon épée. Ils furent tous noyés, hormis mon frère. Je me promène tous les jours, nonobstant le mauvais temps.

193. Outre son argent, il dépense encore celui de ses sœurs. C'est par mon ordre qu'il est venu ici. Je vous attends depuis long-temps. Qu'avez-vous fait pendant l'hiver? Nous travaillons pour obéir à Dieu. Nous ne saurions rien faire sans lui. Il vit selon les règles qu'il s'est prescrites.

CHAPITRE VIII.

HUITIÈME ESPÈCE DE MOTS.

L'Adverbe.

L'*Adverbe* est un mot qui se joint ordinairement au verbe ou à l'adjectif, ou même à un autre adverbe, pour en déterminer la signification; quand on dit : *cet enfant parle distinctement*, par ce mot *distinctement* l'on fait entendre qu'il parle d'une manière plutôt que d'une autre.

On distingue plusieurs sortes d'*adverbes*.

1°. Il y a des adverbes qui marquent la *manière* : ils sont presque tous terminés en *ment*, et se forment des adjectifs, comme *sagement* de *sage*, *poliment* de *poli*, *agréablement* d'*agréable*, *modestement* de *modeste*, etc.

Exercices, nos 194, 195.

2°. Il y a des adverbes qui marquent l'*ordre*, comme *premièrement*, *secondement*, *d'abord*, *ensuite*, *auparavant*. Exemple : d'abord *il faut éviter le mal*, ensuite *il faut faire le bien*.

3°. Il y a des adverbes qui marquent le *lieu*, comme *où*, *ici*, *là*, *deçà*, *au-delà*, *dessus*, *partout*, *auprès*, *loin*, *dedans*, *dehors*, *ailleurs*. Exemple : Où *êtes-vous? Je suis* ici ; *je vais* là.

4°. Il y a des adverbes de *temps*, comme *hier*, *autrefois*, *bientôt*, *souvent*, *toujours*, *jamais*, etc. Exemple : *cet enfant joue* toujours, *et ne s'applique* jamais.

5°. Il y a des adverbes de *quantité*, comme

beaucoup, *peu*, *assez*, *trop*, *tant*, etc. Exemple : *il parle* beaucoup *et réfléchit* peu.

6°. Enfin, il y a des adverbes de *comparaison*, comme *plus*, *moins*, *aussi*, *autant*, etc. Exemple : plus *sage*, aussi *sage*, moins *sage que vous*.

Remarque. Certains adjectifs sont quelquefois employés comme adverbes ; on dit : chanter *juste*, parler *bas*, voir *clair*, rester *court*, frapper *fort*, sentir *bon*, etc.

Exercices sur la formation des adverbes de manière.

194. Fidèle, tranquille, vrai, gai, joli, utile, habile, subtil, ordinaire, ingénu, aveugle, modéré, lent (1), présent, constant (2), éloquent, galant, prudent, bon, sot, pareil, net, franc, frais, naïf, seul, égal.

195. Assidu, commode, conforme, énorme, commun, confus, exprès, obscur, précis, profond, sensé, vif, second, premier, honteux, malheureux, faux, secret, complet, divin, malin, vaillant, récent, spécial, abusif, excellent, méchant, public, juste.

---

(1) Si l'adjectif finit par une consonne, formez l'adverbe de son féminin, en y ajoutant *ment* : *doux*, *douce*, *doucement*.

(2) Les adjectifs en *ant*, *ent*, forment leurs adverbes en *amment*, *emment* : *savant*, *savamment* : *évident*, *évidemment*.

Exercices sur l'analyse des différentes sortes d'adverbes.

196. Faites d'abord ce que vous avez à faire, ensuite vous sortirez. Votre frère apprend facilement. Allez-vous souvent à Londres ? J'y vais quelquefois. Les Français allèrent en Espagne, où ils combattirent vaillamment. Ne lui donnez que peu de vin.

197. Ne faites jamais votre exercice à la hâte ; faites-le attentivement. J'allai hier à Versailles ; j'irai demain à Melun. Ne vous ai-je pas dit de rester ici ? Il y a beaucoup de gibier dans cette plaine. Les poulets volent bas.

198. Ils sont maintenant en Angleterre. Où les avez-vous rencontrés. Ce fut-là que se donna cette fameuse bataille. Vous allez partout, et je ne vais nulle part. Je vous verrai peut-être demain. J'apprendrai peu à peu ma leçon. Elle voit clair. Vous frappez trop fort. Elle est aussi grande que vous.

199. Votre frère est plus âgé que moi. Combien d'habits avez-vous ? On dit que vous partez bientôt ; cependant j'espère que vous viendrez me voir auparavant. Je vais dehors ; restez dedans. Que ferez-vous ailleurs ? Il a moins d'argent que nous ; mais il a plus d'esprit.

CHAPITRE IX.

NEUVIÈME ESPÈCE DE MOTS.

La Conjonction.

*R*emarque. ON a vu jusqu'à présent comment les mots se joignent ensemble pour former un sens : les mots ainsi réunis font une *phrase* ou *proposition*. La plus petite proposition doit avoir au moins deux mots, le sujet et le verbe, comme *je chante, vous lisez, l'homme meurt :* souvent le verbe a un régime, comme *je chante un air, vous lisez une lettre.*

La *Conjonction* est un mot qui sert à joindre une phrase à une autre phrase ; par exemple, quand on dit : *il pleure* et *il rit en même temps ;* ce mot *et* lie la première phrase, *il pleure*, avec la seconde, *il rit.*

Des différentes sortes de Conjonctions.

1°. Pour marquer la liaison : *et, ni, aussi, que.*

2°. Pour marquer opposition : *mais, cependant, néanmoins, pourtant.*

3°. Pour marquer division : *ou, ou bien, soit.*

4°. Pour marquer exception : *sinon, quoique.*

5°. Pour comparer : *comme, de même que, ainsi que.*

6°. Pour ajouter : *de plus, d'ailleurs, outre que, encore.*

7°. Pour rendre raison : *car, parce que, puisque, vu que.*

8°. Pour marquer l'intention : *afin que, de peur que.*

9°. Pour conclure : *or, donc, ainsi, de sorte que.*

10°. Pour marquer le temps : *quand, lorsque, comme, dès que, tandis que.*

11°. Pour marquer le doute : *si, supposé que, pourvu que, en cas que.*

Il y a plusieurs autres conjonctions : l'usage les fera connaître : la plus ordinaire est *que ;* on distingue la conjonction *que* du *que* relatif, en ce qu'elle ne peut pas se tourner par *lequel, laquelle.*

Exercices sur l'analyse des différentes sortes de conjonctions.

200. Les pommes et les poires sont cueillies. Je n'y irai pas, ni vous non plus. Il faut pourtant que je sorte. On le punit, parce qu'il ne fait pas son devoir. Soit qu'il vienne ou non. Elle le fera, puisque vous le voulez. Il fait mal ce qu'il fait ; d'ailleurs il est très-paresseux.

201. Venez, afin que je vous parle. Outre qu'il ne s'applique pas comme il le devrait, il manque encore souvent à l'école. Dès que je l'aurai vu , je vous le ferai savoir. Quoiqu'il soit plus riche que vous, il n'est pas plus heureux.

* 5

202. Je vous prêterai cet argent, pourvu que vous me le rendiez demain. Soutenez-le, de peur qu'il ne tombe. Les écoliers paresseux ne remporteront aucun prix : or, vous êtes paresseux, donc vous n'en remporterez aucun.

203. Nous nous tenons prêts, en cas que le maître arrive. Il m'a battu ; de plus il m'a volé. Il sera puni, à moins qu'il ne se repente. Bien qu'on l'ait trouvé coupable, il sera mis en liberté. Supposé qu'ils viennent, en serez-vous moins dans l'embarras.

Régime des Conjonctions.

Parmi les conjonctions, les unes veulent le verbe suivant au subjonctif, les autres à l'indicatif.

Voici celles qui régissent le subjonctif : *soit que, sans que, si ce n'est que, quoique, jusqu'à ce que, encore que, à moins que, pourvu que, supposé que, au cas que, avant que, non pas que, afin que, de peur que, de crainte que ;* et en général quand on marque quelque doute ou quelque souhait, comme *je souhaite, je doute que cet enfant soit jamais savant.*

Exercices sur le régime des conjonctions.

L'écolier mettra les infinitifs en italiques au présent de l'indicatif ou au présent du subjonctif, selon que les conjonctions qui les régissent veulent l'un ou l'autre mode.

204. Soit qu'il le *vouloir* ou non. Je vous aime, parce que vous vous *conduire* bien.

Mon père reviendra plus tôt que vous ne le *penser*. Je vous expliquerai plusieurs difficultés, afin que vous ne vous *décourager* pas. Portez cet argent à votre mère, pour qu'elle *pouvoir* payer votre maître d'écriture. Votre frère apprend sa leçon, pendant que vous vous *amuser*. Appelez-le, en cas que vous *avoir* besoin de lui.

205. Supposé que tu *perdre* tes amis, que deviendras-tu ? Nous ne serons jamais respectés, à moins que nous *n'abandonner* la compagnie que nous fréquentons. Je resterai ici, puisque vous le *vouloir*. Je lui écrirai toujours jusqu'à ce qu'il me *répondre*. Ils ne sont pas heureux, quoiqu'ils *être* riches. Bien qu'il *n'avoir* point de fortune, il jouit d'une grande considération. Nous n'allons plus le voir, attendu qu'il ne *recevoir* plus personne.

206 Les affaires ont bien changé, depuis que vous *être* ici. Montrez-nous le chemin, de peur que nous ne nous *tromper*. Je ne puis sortir, sans que ma mère me le *permettre*. Il ne recevra point de réponse, si ce n'est qu'il lui *écrire* de nouveau. Elle s'en va, encore que son père ne le *vouloir* pas. Nous vous attendrons, pourvu que vous nous *prévenir*. Attendu que vous *faire* mieux. Avant que tu t'en *aller*. Non pas qu'il *contraindre*. De crainte que je me *perdre*.

CHAPITRE X.

DIXIÈME ESPÈCE DE MOTS.

L'Interjection.

L'*Interjection* est un mot dont on se sert pour exprimer un sentiment de l'âme, comme la joie, la douleur, etc.

La joie : *Ah ! Bon !*
La douleur : *Aïe ! Ah ! Hélas ! Ouf !*
La crainte : *Ha ! Hé !*
L'aversion : *Fi ! Fi donc !*
L'admiration : *Oh !*
Pour encourager : *Çà. Allons ! Courage !*
Pour appeler : *Holà ! Hé !*
Pour faire taire : *Chut ! Paix !*

Exercices sur l'analyse des différentes sortes d'interjections.

207. Chut ! Holà ! Ça ! Oh ! Fi ! Ha ! Aie ! Bon ! Hélas ! Hé ! Fi donc ! Allons ! Paix ! Courage ! Ouf !

ANALYSE COMPOSÉE DES DIX PARTIES DU DISCOURS.

208. Ce qui flatte les sens, amolit le cœur. Celui qui ne sait pas garder un secret, est incapable de gouverner.

209. On doit s'abstenir des médisances, si l'on ne veut entendre des choses désobligeantes. Il faut respecter la vieillesse.

210. Une injure n'est qu'un mal d'opinion pour celui qui la souffre; elle ne peut véritablement offenser que celui qui l'a faite.

211. Le moyen de bien régler notre conduite, est d'éviter ce que nous blâmons dans les autres. Evitez la compagnie des méchants.

212. Le devoir nous appelle plutôt chez nos amis, dans la mauvaise que dans la bonne fortune. Il importe beaucoup de vaincre la colère.

213. Mon histoire est longue, la sienne est courte; mais écoutons la vôtre auparavant. Ceux qui entreprennent de servir le public, méritent d'être encouragés.

214. Lorsque je vous proposai de lui prêter de l'argent, j'avais des raisons de croire que vous lui feriez ce plaisir; à présent je ne puis m'empêcher de vous reprocher votre ingratitude.

215. Les hommes sont faits pour travailler comme les oiseaux pour voler. Je serais fâché que ma femme et mes filles ne fussent pas à la maison pour vous recevoir.

216. La plus grande sagesse de l'homme consiste à connaître ses folies. Un riche ignorant ressemble à une brebis couverte d'une toison d'or.

REMARQUES PARTICULIÈRES
SUR CHAQUE ESPÈCE DE MOTS.

Remarques sur les Lettres.

H est aspirée dans *héros* : on dit *le héros;* mais elle n'est point aspirée dans *héroïsme*, on dit : l'*héroïsme de la vertu.*

L au milieu et à la fin des mots, quand elle est précédée d'un *i*, est ordinairement *mouillée*, et se prononce comme à la fin de ces mots, *soleil, orgueil, famille, bouillir.*

On écrit *œil*, que l'on prononce comme *euil.*

S entre deux voyelles se prononce comme *z*; exemple : *maison, poison* : excepté les mots *préséance, présupposer*, où l'on conserve la prononciation de l'*s.*

D à la fin du mot *grand* se prononce comme *t* devant une voyelle ou une *h* muette : *grand homme*, on prononce comme s'il y avait *grant homme.*

Gn au milieu d'un mot se prononce comme dans *ignorance, magnanime.*

T ne se prononce pas à la fin de ces mots *respect, aspect*, même quand le mot suivant commence par une voyelle ou une *h* muette : ainsi prononcez *respect humain*, comme s'il y avait *respec humain.*

Remarques sur les Noms Composés.

Quand un nom est composé d'un adjectif

et d'un nom, ils prennent tous deux la marque du pluriel ; exemple : un *arc-boutant*, des *arcs-boutans*.

Quand il est composé de deux noms unis par une préposition, on ne met la marque du pluriel qu'au premier des deux noms ; exemple : *un chef-d'œuvre, des chefs-d'œuvre, un arc-en-ciel, des arcs-en-ciel.*

Quand il est composé d'une préposition ou d'un verbe et d'un nom, le nom seul prend la marque du pluriel ; exemple : *un entre-sol, des entre-sols, un garde-fou, des garde-fous.*

Exercices sur les noms composés.

A mettre au pluriel.

217. Plat-pied , loup-garou , pie-grièche, chef-d'œuvre , eau-de-vie, passe-partout , arc-boutant, boute-en-train , chou-fleur , contre-danse , chauve-souris.

218. Cul-de-jatte , avant-scène , loup-cervier, essuie-mains, corps-de-garde , cul-de-sac, passe-de-bout, courte-pointe, ver-à-soie, ver-luisant, savoir-faire, bon-chrétien.

219. Pain-de-coucou , beau-père , belle-mère, vole-au-vent , garde-champêtre , cerf-volant , oui-dire , garde-magasin , qui-va-là , pince-sans-rire, sur-arbitre , meurt-de-faim.

======

Remarques sur les Noms de Nombre.

Cent et *vingt* dans quatre-*vingt*, prennent

une *s* au pluriel, quand ils sont suivis d'un nom ; exemple : deux cents *hommes* ; quatre-vingts *volumes.*

Pour la date des années on écrit *mil* ; exemple : *le froid fut très grand* en mil *sept cent neuf* : partout ailleurs on écrit *mille*, qui ne prend jamais *s* (1) ; *deux* mille *hommes.*

Neuf se prononce devant une voyelle comme *neuv* ; exemple : *il y a neuf ans* ; prononcez *neuv ans.*

On dit : *une demi-heure*, une *demi-livre* ; ce mot *demi* ne change pas quand il est devant le nom ; mais dites : une heure et *demie*, une livre et *demie* ; quand le mot *demi* est après le nom, il en prend le genre.

Exercices sur les noms de nombre.

A corriger.

220. Ce puits a deux cent pieds de profondeur, et cette rivière a quatre-vingt toises de largeur. L'église a deux cent quatre-vingt-six pieds de hauteur. Ce champ a six cent toises de longueur, sur cinq cent de largeur. La garnison se compose d'environ neuf mille soldats. Elle mourut le dix février mille sept cent quatre-vingt-neuf. Il y a environ six-vingt poires dans cette corbeille. Elle m'a fait présent d'une demi-douzaine d'abricots, et d'une douzaine et demi de pêches.

----

(1) Excepté quand il signifie une distance ou une mesure, alors *mille* est un nom commun.

221. J'ai acheté une demi-livre de groseilles, et une livre et demi de cerises. Fénélon, archevêque de Cambrai, naquit au château de Fénélon, le six août mille six cent cinquante et un, d'une famille ancienne et distinguée. On avait fait, dans la paroisse et dans le voisinage, une quête qui produisit deux mille huit cent francs. J'arrivai chez lui à dix heures et demi, environ une demi-heure avant son départ.

222. Ils n'étaient que trois cent, et, malgré leur infériorité, ils attaquèrent leurs ennemis, qui étaient environ trois mille, les battirent et les dispersèrent. Je vous ai attendu pendant une demi-heure. Il vendit sa maison de campagne vingt mille six cent quatre-vingt francs; ce fut en mille huit cent qu'il fit cette vente. Nous sortirons à deux heures et demi, une demi-heure après notre dîner. S'il avait six cent francs de rente, il vivrait mieux que son voisin, qui en a dix mille.

Remarques sur les Noms Partitifs.

On appelle *noms partitifs,* ceux qui marquent la partie d'un plus grand nombre; comme *la plupart de, une infinité de, beaucoup de, peu de,* etc.

Les noms partitifs suivis d'un nom pluriel, veulent le verbe et l'adjectif au pluriel; exemple : *la plupart des enfants* sont légers ; *peu d'enfants* sont attentifs.

Remarque. Dans le sens partitif on met *de* et non pas *des*, devant un adjectif; exemple : *j'ai lu* de *bons livres*, et non pas *des* bons livres ; *j'ai vu* de *belles maisons*, et non pas *des* belles maisons.

* * *

Exercices sur les noms partitifs.

223. Ils reprirent une partie des bagages qui était tombé entre les mains des ennemis. Beaucoup de personnes était de son avis. La Thessalie produit des beaux fruits, du bon vin , des oranges et des citrons. De la bonne petite bière ou de l'eau pure , est préférable à du mauvais vin. La plupart des hommes aime les richesses. Nous avons des bonnes raisons pour nous défier de lui.

224. Beaucoup de poëtes pense que la poésie est l'art d'unir le plaisir à la vérité, en appelant l'imagination au secours de la raison. Peu de gens réfléchit que le temps, aussi bien que l'argent, peut se perdre par une avarice hors de propos. Les Français mangent du bon pain , de la bonne viande, et boivent du bon vin. Un grand cœur , disait un Roi de Perse, reçoit des petits présens d'une main, et en fait des grand d'une autre.

225. Celui qui sait se faire aimer, entreprend peu d'affaires qui ne lui réussisse. On voit un grand nombre de personnes capable de faire une action sage ; on en voit un plus grand nombre capable de faire une action d'esprit et

d'adresse ; mais bien peu est capable de faire une action généreuse. La noblesse doit avoir des lumières étendues et des grands sentiments. Tant d'années d'habitudes était des chaînes de fer qui me liait à ces deux grands hommes. Il y a des belles fleurs dans ce jardin.

Remarques sur les Pronoms.

1°. *Vous*, employé pour *tu*, veut le verbe au pluriel, mais l'adjectif suivant reste au singulier. *Exemple : Mon fils, vous* serez estimé, *si vous* êtes sage.

2°. *Le, la, les*, sont quelquefois pronoms, et quelquefois ils sont articles : l'article est toujours suivi d'un nom ; *le* frère, *la* sœur, *les* hommes : au lieu que le pronom est toujours joint à un verbe comme *je* le *connais, je* la *respecte, je* les *estime.*

Le pronom *le* ne prend ni genre, ni nombre, quand il tient la place d'un adjectif ou d'un verbe ; par exemple, si l'on disait à une femme : *Madame, êtes-vous malade ?* il faudrait qu'elle répondît : *oui, je* le *suis ;* et non pas *je* la *suis*, parce que *le* se rapporte à l'adjectif *malade. On doit s'accommoder à l'humeur des autres autant qu'on* le *peut :* je mets *le*, parce qu'il se rapporte au verbe *accommoder.*

Exercices, n°s 226, 227.

3°. N'employez le pronom *soi* qu'après un sujet vague et indéterminé, comme *on*, *chacun, ce,* etc. *Exemples : On ne doit jamais parler de soi. Chacun songe à soi. N'aimer que soi, c'est être mauvais citoyen.*

4°. Il ne faut pas se servir du pronom *son*,

sa, *ses*, *leur*, *leurs*, mis pour un nom de chose, à moins que ce nom ne soit exprimé dans la même phrase ; ainsi, ne dites pas : *Paris est beau, j'admire ses bâtimens ;* mais dites : *j'en admire les bâtimens.*

On emploie bien *son*, *sa*, *ses*, etc., pour un nom de chose, quand il est exprimé dans la même phrase ; ainsi on dit bien : *la Seine a sa source en Bourgogne* (1).

Exercices, n°ˢ 228, 229.

5°. Il faut dire : *c'est en Dieu* que *nous devons mettre notre espérance*, et non pas *en qui ; c'est à vous-même* que *je veux parler*, et non pas *à qui* je veux ; dans ces deux phrases *que* n'est pas relatif, mais conjonction.

6°. *Qui* relatif est toujours de la même personne que son antécédent ; ainsi il faut dire : *moi* qui *ai vu ; vous* qui *avez vu ; nous* qui *avons vu*, etc.

7°. *Qui*, précédé d'une préposition, ne se dit jamais des choses, mais seulement des personnes ; ainsi ne dites pas : *les sciences* à qui *je m'applique*, mais auxquelles *je m'applique.*

Exercices, n°ˢ 230, 231, 232, 233.

8°. *Ce*, devant le verbe *être*, veut ce verbe au singulier, excepté quand il est suivi de la troisième personne du pluriel ; on dit : c'est *moi*, c'est *toi*, c'est *lui*, c'est *nous*, c'est *vous qui ;* mais il faut dire : ce sont *eux*, ce sont *elles*, ce sont *vos ancêtres qui ont bâti cette maison.*

Exercice, n° 234.

____

(1) Cependant, quoique le nom de *chose* ne soit pas dans la même phrase, on se sert bien de *son*, *sa*, *ses*, quand il est régi par une préposition, comme : *Paris est beau ; j'admire la grandeur de ses bâtimens.*

9°. *Tout,* mis pour *quoique, entièrement,* ne change ni de genre ni de nombre devant un adjectif qui commence par une voyelle ou une *h* muette ; ainsi dites : *les enfants,* tout *aimables qu'ils sont, ne laissent pas d'avoir bien des défauts ; cette image ,* tout *amusante qu'elle est , ne me plait pas ; ces images , tout amusantes qu'elles sont, ne me plaisent pas.*

Mais si l'adjectif féminin commence par une consonne ou une *h* aspirée, alors on met *toute, toutes ;* exemple : *cette image ,* toute *belle qu'elle est, ne me plaît pas : ces images ,* toutes *belles qu'elles sont , ne me plaisent pas.*

Exercice, n° 235.

10°. *Quelque....* que s'emploie de cette manière : s'il y a un adjectif entre *quelque* et *que,* alors *quelque* ne prend jamais *s* à la fin. *Exemple : Les rois,* quelque *puissants qu'ils soient , ne doivent pas oublier qu'ils sont hommes.*

S'il y a un nom entre *quelque* et *que,* alors on met *quelque* au même nombre que le nom. *Exemple :* Quelques *richesses* que *vous ayez , vous ne devez pas vous enorgueillir.*

Si le nom n'est placé qu'après le *que* et le verbe, alors il faut écrire en deux mots séparés *quel* ou *quelle que, quels* ou *quelles que. Exemples :* Quelle que *soit votre force,* quelles que *soient vos richesses, vous ne devez pas vous enorgueillir ; votre puissance,* quelle qu'*elle soit, ne vous donne pas le droit de mépriser les autres.*

Exercices, n°s 236, 237.

11°. *Celui-ci, celui-là,* s'emploient de cette manière : *celui-ci* pour la personne dont on a parlé en dernier lieu : *celui-là* pour la personne dont on a parlé en premier lieu. *Exemple : Les deux philosophes Héraclite et Démocrite étaient d'un caractère bien différent ;* celui-ci *riait toujours ;* celui-là *pleurait sans cesse.*

Ceci désigne une chose plus proche, *cela* désigne une chose plus éloignée. *Exemple : je n'aime pas* ceci ; *donnez-moi* cela.

Exercice, n° 238.

12°. Le mot *personne*, employé comme *pronom*, est du masculin ; on dit : *je ne connais* personne *plus heureux que lui :* mais *personne*, employé comme *nom*, est du féminin : cette personne est très *heureuse.*

Exercice, n° 239.

———

Exercices sur les pronoms.

226. Mon cher enfant, si vous voulez être estimés, il faut que vous soyez poli, complaisants, doux, affables. Mesdames, êtes-vous bien aise d'avoir vu cette pièce ? Oui nous les sommes. Y a-t-il une fille plus malheureuse et traitée plus ridiculement que je la suis ? Je vous prie, Madame, d'y aller vous-mêmes. Vous nous avez trouvés aimables ; pourquoi avons-nous cessé de les paraître ?

227. Cette personne est fort propre sur soi. Excuser dans soi-même les fautes qu'on ne peut souffrir dans autrui, c'est aimer mieux être sot lui-même, que de voir les autres tels. Ce superbe temple était sur le haut d'une colline ; ses colonnes étaient de marbre, et ses portes étaient d'or. La Tamise est une rivière magnifique, son lit est large et profond. Le Rhône a sa source au mont Saint-Gothard en Suisse.

228. N'êtes-vous pas bien aises, Messieurs, de lui avoir parlé vous-même ? La noblesse donnée aux pères, parce qu'ils étaient vertueux, a été laissée aux enfants, afin qu'il les devinssent. On a souvent besoin d'un plus petit que soi. Mesdames, êtes-vous contentes de ce discours ? Oui nous les sommes infiniment. Pour que votre frère se corrige de ses défauts, il doit faire mille réflexions sur soi-même. Nous irons vous voir si nous le pouvons.

229. C'est avec raison que les étrangers admirent ce pays : son climat est délicieux, son sol fertile, ses lois sages, et son gouvernement juste et modéré. Ces arbres sont bien exposés ; cependant leurs fruits ne sont pas bons. Cette église est belle ; on admire surtout la hauteur de son clocher. La même justesse d'esprit qui nous fait écrire de bonnes choses, nous fait appréhender qu'elles ne le soient pas assez pour mériter d'être lues. Je vous vendrai les tables et leurs tiroirs.

230. La vertu est le premier des biens ; c'est d'elle seule dont nous devons attendre le bonheur. C'était de vous dont j'avais besoin. C'est là où je vous ai vu. Ce fut par Amiens par où je passai. C'était de Paris d'où je venais. Le commerce à qui vous vous appliquez, et la profession à qui vous vous étiez dévoué, sont honorables. Le mensonge est un vice pour qui les jeunes gens devraient avoir la plus grande horreur.

231. Si l'exercice de cette importante char-ge laissait autant de loisir à M. le chancelier qu'il a d'estime pour vous, le conseil rendrait ses arrêts par la même bouche par laquelle Sa Majesté rend ses oracles. La table sur qui vous vous appuyez, est cassée depuis huit jours. Il faut bien choisir les amis à qui l'on veut donner sa confiance. Une fontaine ne peut jeter de l'eau douce par le même tuyau par où elle jette de l'eau salée.

232. C'est de la bonne ou de la mauvaise éducation d'où dépend presque toujours le bonheur ou le malheur de la vie. *Donner* est un mot pour qui l'avare a tant d'aversion, qu'il ne dit jamais je vous *donne*, mais je vous *prête* le bon jour. De la façon dont j'ai parlé, on a dû m'entendre. C'est à Lille où je vous ai vu pour la première fois. Quitter les mœurs à qui l'on doit sés victoires, pour prendre celles des vain-cus, c'est une conduite qui ne peut s'excuser.

233. Ce n'est pas moi qui a révélé le secret; c'est toi qui, suivant tous les rapports, en a fait part à tout le monde. Ce n'était pas elle qui chantait. Est-ce nous qui vous ennuie. Ce n'est pas vous qui remportera le premier prix. Ce seraient eux qui viendrait. C'est toi qui se trompe. C'est moi qui s'en est aperçu le pre-mier. Ce sera lui qui s'en ira. Ce serait vous qui s'asseirait. Moi qui ne soupçonnait pas tant de fausseté, de ruse, et de perfidie dans un homme que j'aimais aveuglément, je suivais ses conseils.

234. Ce qui m'indigne, c'est les injustices qu'on ne cesse de faire. Ce qui m'arrache au sentiment qui m'accable, c'est vous. Lisez Homère et Virgile; c'est les deux plus grands poètes de l'antiquité. C'était eux qui m'instruisaient de tout. Ce serait elles qui vous secourraient. Ce qui m'ennuie le plus, c'est les redites. C'était mes sœurs et mes cousins qui revenaient de la campagne. C'était à ces Messieurs que je parlais.

235. Les enfants, touts aimables qu'ils sont, ont souvent bien des défauts qu'il est important de corriger. Ces fleurs, toute inodores qu'elles sont, n'en sont pas moins estimées. Quoique ce pédant absurde soit un infatigable écrivailleur, il n'a pas moins la tête tout vide. Elle est tout honteuse de ce qu'elle a dit. Elle fut tout aise et tout heureuse de rencontrer un malotru. Les philosophes, tous éclairés qu'ils sont, ignorent les véritables causes de bien des effets naturels.

236. Quelques belles qu'elles puissent être, elles ne doivent pas être vaines. Quelque raisons qu'on lui apporte, il n'en croit rien. Quelque efforts que vous fassiez, vous aurez bien de la peine à réussir. Quelque puissants qu'ils soient, je ne les crains pas. Quelque puisse être la faute qu'il a faite, on la lui pardonnera. Quelque soient les lois, nous devons toujours les respecter. Les hommes, quelque opposés qu'ils soient, s'accordent sur ce point. Quelque soit la négligence de cet homme, il ne laisse pas de remplir ses devoirs.

237. Ce fut les Egyptiens qui, les premiers, observèrent le cours des astres. C'est nous qui s'est attiré cette infortune, par notre légèreté et notre imprudence. Les dernières figues que vous m'avez envoyées étaient toute autres que les premières. De quelque avantages que vous jouissiez, vous ne serez pas heureux, si vous ne savez réprimer vos passions. Quelque soit votre naissance, quelque soient vos dignités, vous ne devez mépriser personne. Quelques habiles, quelques éclairés que nous soyons, ne faisons pas un vain étalage de notre science.

238. Le corps périt, l'âme est immortelle; cependant tous les soins sont pour celui-ci, tandis qu'on néglige celle-là. Je ne connais personne qui soit plus instruit que votre frère aîné. Voilà les mêmes personnes que j'ai rencontrées ce matin. Un chacun de nous vit à sa manière. Un quelqu'un qui sait la politesse, a soin de ne rien dire de désobligeant à personne. Il manque un quelque chose à ce tableau. Mon frère et ma sœur sont sortis : celui-ci revient demain, celle-là restera huit jours chez notre fermier.

239. Personne n'est venue me voir pendant ma maladie. Un chacun a ses défauts. Tels est l'avantage qu'ont les talents sur la beauté : celle-là n'a qu'un temps pour plaire, ceux-ci plaisent dans tous les temps. Un quelqu'un conseillait à Diogène de se reposer dans sa vieillesse. Personne n'est content de sa fortune, ni mécontente de son esprit. Ce n'est pas assez, pour être poli, de rendre à un chacun ce qui lui est dû, il faut le faire d'une manière libre et aisée.

Remarques sur les Verbes.

I. Le sujet, soit nom, soit pronom, se place après le verbe ; 1°. quand on interroge ; exemple : *Que penseront de vous les honnêtes gens, si vous n'êtes pas sage ? Irai-*je ? *Viendras-*tu ? *Est-*il *arrivé ?*

. Quand le verbe qui précède *il, elle, on*, finit par une voyelle, on ajoute un *t* devant *il, elle, on ;* exemple : *Appelle-t-il ? Viendra-t-elle ? Aime-t-on les paresseux ?*

L'usage ne permet pas toujours cette manière d'interroger à la première personne, parce que la prononciation en serait rude et désagréable ; Ne dites pas : *cours-je ? mens-je ? dors-je ? sors-je ?* etc. ; il faut prendre un autre tour, et dire : *est-ce que je cours ? est-ce que je mens ? est-ce que je dors ?*

2°. Le sujet se met encore après le verbe, quand on rapporte les paroles de quelqu'un ; exemple : *je me croirai heureux, disait* un bon roi, *quand je ferai le bonheur de mon peuple.*

3°. Après *tel, ainsi ;* exemple : *tel était* son avis ; *ainsi mourut* cet homme.

4°. Après les verbes impersonnels ; exemple : *il est arrivé* un grand malheur.

Exercices sur le sujet du verbe.

240. Quel crime cet homme a-t-il commis ? L'homme sage a-t-il toujours la vertu pour mobile ? ne s'en écarte-il jamais ? Que doit-on

faire en pareil cas? Votre sœur viendra-t-elle aujourd'hui ? Mangé-je plus qu'à mon ordinaire ? Sors-je tous les jours comme on vous l'a dit ? Ne suis-je pas aussi heureux qu'on peut l'être ? Songeais-je à lui alors ?

241. Telle sa conduite était (1), lorsqu'il demeurait à Paris. Ainsi cette cruelle guerre se termina. Peut-être il ne viendra que demain. En vain on lui demandait sa protection ; il ne l'accorde à personne. Dors-je trop long-temps ? Que sont les hommes devant Dieu ? Tel l'acharnement du soldat était dans cette affaire sérieuse. Ainsi le différend se termina. Mens-je plus que lui? A-t-on dîné?

II. On ne doit se servir du prétérit *défini* qu'en parlant d'un temps absolument écoulé, et dont il ne reste plus rien : ainsi ne dites pas : j'étudiai *aujourd'hui, cette semaine, cette année,* parce que le jour, la semaine, l'année, ne sont pas encore passés ; ne dites pas non plus : j'étudiai *ce matin :* il faut, pour le prétérit *défini,* qu'il y ait l'intervalle d'un jour ; mais on dit bien : j'étudiai *hier, la semaine dernière, l'an passé,* etc.

Le prétérit *indéfini* s'emploie indifféremment pour un temps passé, soit qu'il en reste encore une partie à s'écouler, ou non ; on dit bien : j'ai étudié *ce matin,* j'ai étudié *hier,* j'ai

____

(1) On met encore le sujet après le verbe , lorsque la phrase commence par *aussi, en vain, encore, peut-être, au moins, à peine.*

étudié *cette semaine*, j'ai étudié *la semaine dernière*, etc.

Exercices sur l'emploi des temps.

242. Je déjeunai ce matin chez votre cousin, où je trouvai deux de vos amis qui se querellaient : ils se réconcilièrent pour tant à la fin, et allèrent faire ensemble un tour de promenade. Nous avons vu le Roi aujourd'hui, et nous eûmes l'honneur de lui baiser la main. Je perdis mon temps cette semaine; mais j'ai beaucoup travaillé la semaine dernière. Si j'aurais (1) été là je vous aurais parlé. Tu sortirais si tu voudrais.

243. J'ai écrit la semaine passée à votre frère ; je reçus sa réponse au commencement de cette semaine ; j'étais au café quand on me l'apporta. Votre cousin qui était avec moi, me demanda comment il se portait. Je lui montrai la lettre ; et comme il la lisait, quelqu'un vint me demander : je fut obligé de sortir, et je lui laissai la lettre ; mais il me promit de me la rendre aujourd'hui. Si l'on vous demanderait votre avis là-dessus, que diriez-vous ?

De l'emploi du subjonctif.

On emploie le subjonctif :

1° Après les verbes qui expriment le doute, la crainte, le désir, le commandement, etc., etc.

---

(1) C'est une faute que d'employer *si* avant le conditionnel en *rais*. Ne dites pas : *s'il viendrait*, dites : *s'il venait*.

2º Après un verbe accompagné d'une inter-rogation ou d'une négation.

3º Après un verbe impersonnel qui n'ex-prime pas quelque chose de positif.

4º Après les pronoms relatifs précédés d'un superlatif relatif, ou d'un verbe qui exprime le besoin, le désir, le doute, etc. : *c'est le meil-leur homme qu'on puisse trouver.*

5º Après quelques conjonctions. *Voyez chap. IX, celles qui régissent ce mode.*

Exercices sur l'emploi du subjonctif.

L'écolier mettra les infinitifs en italiques au présent du subjonctif, au présent ou au futur de l'indicatif, selon que le premier verbe régit l'un ou l'autre mode.

244. Je doute qu'il *partir*. Tu désires qu'elle *être* modeste. Il veut que tu *sortir*. Nous craignons que vous ne *tomber*. Voulez-vous que nous *écrire* ? Ils souhaitent que vous *réussir*. J'appréhende que tu n'*être* trompé. Tu sais que je m'y *connaître*. Elle doute que tu *avoir* raison. J'aime mieux qu'ils *venir* eux-mêmes. Croyez-vous que je *vouloir* l'écouter ?

245. Nous tremblons qu'il n'*avoir* tort. On ne croit pas qu'il *savoir* ce qui s'est passé. Elle permet que je m'en *aller*. Nous désirons qu'elle *arriver* bientôt. Ils souhaitent que vous *être* heureux. Je désire que vous y *aller* vous-même. Nous doutons qu'il *écrire* aussi bien que son frère. Elles sont surprises qu'il *faire* tant de progrès.

246. Nous craignons qu'elle ne *mourir*. Elle nie que cela *être* vrai. Ils ignorent que cette nouvelle *être* fausse. Croyez-vous que l'enfant *dormir*? Permettez que je vous *dire* quelque chose. Défendez qu'il *entrer* ici. Permettez-vous qu'il *sortir* avec moi? Je vous assure qu'elle *avoir* beaucoup d'esprit. Elle croit bien qu'il *être* riche; mais elle ne croit pas qu'il *être* heureux. Penses-tu que je *pouvoir* parvenir à mon but?

247. Croyez-vous qu'il *savoir* cette bonne nouvelle? Ils ignorent que nous *étudier* les mathématiques. On espère qu'il se *comporter* mieux à l'avenir. Elle prétend que ses ordres *être* exécutés. Il faut que je m'en *aller*. Il est à propos que je lui *écrire*. Il est étonnant que personne ne *vouloir* rester avec lui. Il est courroucé que vous ne *marcher* pas.

248. Voilà le plus court chemin que vous *pouvoir* prendre. Je n'aime pas qu'il *aller* tous les jours à la chasse. Le meilleur parti que vous *avoir* à prendre, c'est celui-ci. Il importe qu'on y *courir* tout de suite. C'est le plus bel homme que je *connaître*. Trouvez-moi un domestique qui *être* industrieux. J'ai besoin d'une maison où il y *avoir* une grande cave.

249. Il est certain que je ne *consentir* jamais à cela. Est-il certain qu'il *consentir* à vous accompagner? Choisissez un ami que vous *estimer*, qui *vouloir* et qui *pouvoir* vous servir au besoin. C'est la moindre chose que nous *pouvoir* faire en votre faveur. Il me faut un commis qui *savoir*

parler anglais. C'est le seul moyen que nous *trouver* à employer. Faudra-t-il que nous vous *renvoyer* vos livres ? Il semble que l'envie et la haine n'*être* qu'une même passion.

A quel temps du subjonctif faut-il mettre le verbe qui suit la conjonction *que,* quand elle régit ce mode ?

Première règle. Quand le premier verbe est au présent ou au futur, mettez au présent du subjonctif le second verbe qui est après *que.* *Exemples :*

Il faut.. . . . . .
Il faudra. . . . } *que vous* soyez *plus attentif.*

Deuxième règle. Quand le premier verbe est à l'un des prétérits , mettez le second verbe à l'imparfait du subjonctif. *Exemples :*

Il fallait. . . . . .
Il fallut. . . . .
Il a fallu. . . . . } *que vous* fussiez *plus attentif.*
Il eût fallu. . .
Il aurait fallu. .

Exercices sur l'emploi des temps du subjonctif.

250. Doutes-tu qu'il *écrire.* [*prés.*] (1) mieux que toi ? Je ne pense pas qu'il *comprendre* [*prés.*] rien à cela. Nous craignons qu'il ne nous *réduire* [*f.*] à la misère. On le punira, à moins qu'il ne se *repentir* [*prés.*] Quoiqu'il *pouvoir* [*prés.*] venir cet après-midi , il ne sera pas payé.

____

(1) [*Prés.*] indique que le verbe à changer doit exprimer un présent par rapport au verbe principal ; [*f.*] un futur, [*pas.*] un passé.

Je suis surpris qu'il *s'en aller* [*pas.*] sans me parler. Elle nie qu'elle *écrire* [*pas.*] cette lettre. On appréhende qu'elle ne *mourir* [*f.*] de cette maladie.

251. Si vous êtes riche et juste, et que vous *être* [*prés.*] sage en même temps, vous serez aimé et estimé de tout le monde. C'est la plus belle maison que je *voir* [*pas.*] jamais. Il importe que vous m'*écrire* [*f.*] la semaine prochaine. Il convient qu'elle *être* [*f.*] punie. Il n'est pas possible qu'elle *croire* [*pas.*] un pareil menteur. Il n'y a pas moyen que je le *faire* [*f.*]. Il faudra que je me *servir* [*prés.*] de votre scie. Supposons que nous le *dire* [*pas.*]. Nous partirons avant que vous *arriver* [*pas.*]. Nous feignons de croire, quoique nous *savoir* [*prés.*] qu'il ment.

252. Je souhaiterais qu'il *venir* [*f.*] ce soir. On craindrait qu'il ne se *perdre* [*f.*]. Je voudrais qu'on vous *accorder* [*f.*] la permission de sortir. Nous sortîmes sans qu'il s'en *apercevoir* [*prés.*] Il était nécessaire que je m'en *retourner* [*prés.*] à la maison. J'étais fâché qu'il ne me *répondre* [*pas.*] pas encore. Tout le monde ignorait qu'il *s'en aller* [*pas.*]. Nous doutions qu'elle *acquérir* [*pas.*] une aussi grande fortune. Ils sont sortis de peur qu'on ne les *enfermer* [*f.*]. Il a fallu que je *prendre* [*f.*] d'autres renseignements. Ils ont voulu que je m'*asseoir* [*f.*] auprès d'eux.

253. Il importait que je *rester* [*prés.*] auprès de lui. Je voudrais que vous le *voir* [*f.*].

On ne l'a pas laissé sortir jusqu'à ce qu'il *payer* [*pas.*] ce qu'il devait. Elle doutait que son père *être* [*prés.*] là. J'appréhenderais qu'il n'*abuser* [*f.*] de ma confiance. J'ignorais que vous *prendre* [*pas.*] d'autres mesures. Nous aurions souhaité que vous *venir* [*pas.*] plus tôt. Vous ne faisiez rien, à moins qu'on ne vous le *permettre* [*prés.*] Si l'on y était, et qu'on y *être* [*prés.*] bien établi, on y resterait.

254. Il me faut une table qui *être* [*prés.*] forte, large et longue. On désire qu'il *venir* [*f.*] demain. Je suis étonné que vous *commettre* [*pas.*] une telle indiscrétion. Croyez-moi, ne souffrez que je vous *abandonner* [*f.*]. Il est surprenant qu'il *réussir* [*pas.*], car il n'est pas industrieux. Son père permettait qu'il *venir* [*prés.*] ici tous les jours. Est-il vrai que votre frère *être* [*prés.*] plus âgé que moi? Est-il certain que vous *aller* [*pas.*] en Espagne l'année passée?

255. Chacun de nous souhaite que vous *réussir* [*f.*] dans votre entreprise. Alexandre ordonna que tous ses sujets l'*adorer* [*f.*] comme un dieu. Je voulais que vous *écrire* [*f.*] à votre sœur. Il souhaiterait que vous *prendre* [*f.*] des mesures plus convenables. Je n'y irai pas, que je ne *recevoir* [*pas.*] quelque assurance d'y être bien accueilli. Vous ignoriez que j'*embrasser* [*pas.*] cette profession-là. Vous ne croyez pas que j'*arriver* [*pas.*] avant vous. Nous aurions été fâchés que vous vous *adresser* [*pas.*] à d'autres qu'à nous. Nous

craignons que vous ne *tomber* [*f.*] dans leurs mains.

256. On aurait voulu qu'ils *faire* [*f.*] valoir leurs talents. J'appréhende qu'il *périr* [*pas.*] en route. Je vous le vendrai, pourvu que vous me le *payer* [*pas.*] comptant. Il nous écrivit par la poste, afin que nous *recevoir* [*f.*] ses ordres à temps. Elle touche le clavecin, quoique vous le lui *défendre* [*pas.*]. Ecrivez-moi le plus tôt qu'il vous sera possible, afin que je *recevoir* [*f.*] votre lettre avant mon départ de Paris. Je vous le dirai, pourvu que vous n'en *parler* [*f.*] à personne. Il vaudrait mieux que-nous *réfléchir* [*prés.*] sur notre conduite que sur celle des autres.

257. Il importe que vous *étudier* [*prés.*] pendant que-vous êtes jeune. Je l'ai détourné de faire cette entreprise, de peur qu'il ne se *ruiner* [*f.*]. Vous nous assurez qu'il est honnête homme ; mais nous avons tous des raisons pour douter qu'il l'*être* [*prés.*]. J'ai ordonné qu'on *préparer* [*f.*] le souper. Nous somme surpris qu'il n'*arriver* [*pas.*] pas encore. Il nie en vain qu'il *voir* [*pas.*] votre oncle, puisque je puis prouver qu'il se promena hier avec lui. Je n'aurais jamais cru que vous vous *soumettre* [*pas.*] à des conditions aussi désavantageuses.

258. Je doute qu'aucun philosophe *connaître* [*pas.*] jamais l'origine des vents. Je n'entreprendrai rien que je ne *consulter* [*pas.*] auparavant quelques personnes sages et éclairées. Vous ne pensiez pas qu'il vous *tendre*

[*pas.*] un piége. Vous eussiez trouvé mauvais que nous *contrevenir* [*pas.*] à vos ordres. Il est indifférent qu'un homme *savoir* [*prés.*] danser ou non ; mais il est nécessaire qu'il *avoir* [*prés.*] l'esprit bien formé. Il est l'homme le plus agréable que je *connaître* [*prés.*], et le moins prévenu que je *voir* [*pas.*] jamais.

259. Le chien est le seul animal dont la fidélité *être* [*prés.*] à l'épreuve. Il semble qu'il ne *savoir* [*prés.*] rien, et qu'il ne *voir* [*pas.*] jamais personne. Vous ne pouvez rien faire qui vous *être* [*prés.*] plus avantageux, ni qui vous *faire* [*prés.*] plus d'honneur. Il n'a rien fait qui *devoir* [*prés.*] vous mettre en colère. Dites-lui des raisons qui *pouvoir* [*f.*] le convaincre. Ce n'est pas une chose dont on *devoir* [*prés.*] lui parler dans l'état où il est. Il y a peu d'hommes qui *savoir* [*prés.*] supporter l'adversité sans se plaindre. Il cherchait une retraite où il *pouvoir* [*f.*] être tranquille.

A corriger.

260. Vous l'avez engagé à venir avec nous ; mais je doute qu'il aura cette complaisance. Je ne pouvais me persuader qu'il ait été assez vain pour aspirer à cette place. Quoique tout le monde le disait, je ne croyais pas qu'il était allé à Rome. Est-il possible qu'il a laissé échapper une aussi belle occasion d'acquérir une gloire immortelle. Vous voudriez que je prenne feu d'abord contre eux, et qu'à leur exemple j'aille éclater promptement en invectives et en injures. Il faudrait que vous y soyez aussi.

261. J'aurais souhaité qu'il ait profité de son séjour à la campagne pour se perfectionner dans l'étude de la philosophie. Chacun souhaite qu'il réussît dans son entreprise ; car personne ne croit qu'il y a un plus honnête homme que lui. C'est l'homme le plus savant que je connais. Il faudrait que les enfans apprennent tous les jours quelque chose par cœur. Si vous étudiez, et que vous prenez de la peine , vous apprendrez le français. Il n'était pas si fou qu'il ne savait ce qu'il faisait. Le moindre bruit que vous faisiez, ou vous entendait.

262. J'écris leurs noms en lettres capitales , afin que le lecteur lés voit de loin, et qu'il ne court pas risque de les manquer. Je voudrais que l'amour que nous devons avoir les uns pour les autres , soit le principe de toutes nos actions, comme il est la base de toutes les vertus. Il est le plus bel homme que j'ai jamais vu, et sa femme la plus désagréable qu'on peut s'imaginer. Si vous lisez l'histoire, et que vous cherchez un prince favorisez de la victoire, vous le trouverez dans la personne du roi Alfred.

263. C'était une maison opulente ; Dieu a permis qu'elle tombe tout d'un coup dans la misère. Vous voulez que je fuit et que je vous évite. Je m'étonne que vous n'avez pas prévu cet accident. Astarbé fit entendre au roi qu'il fallait l'éloigner, de peur qu'il ne prenne des liaisons avec les méchants. Je faisais la cour tous les jours à l'Infant , pour qu'il n'oublie point ce que je lui avais demandé. Philoctète na-

turellement parlait moins ; mais il était prompt : et pour peu qu'on excite sa vivacité, on lui faisait dire ce qu'il avait résolu de taire.

264. Quoi qu'il veuille faire, il n'entreprendra jamais rien qui fût au-dessus de ses forces. Pensez-vous qu'en formant la république des abeilles, dieu n'a pas voulu instruire les rois à commander avec douceur, et les sujets à obéir avec amour ? il semble que les entreprises sont, parmi nous, plus difficiles à mener que chez les anciens. Le meilleur parti que vous pouviez prendre, c'était de vous taire. Il est possible qu'il eût de plus jeunes frères ; mais voici le plus jeune que je connaisse.

265. Le plus grand théâtre qu'il y a pour la vertu, c'est la conscience. La maison que vous avez achetée est une des plus belles qu'on eût bâtie depuis long-temps. Mon ami, appliquez-vous ; que vos parents soient contents. Les mouvements des planètes sont les plus réguliers que nous connaissons. Le seul bien qu'on ne peut nous enlever, c'est le mérite d'avoir fait une bonne action. Il n'y avait aucun de ses amis qui ne partage sa fortune avec lui. Je ne puis rien dire que tu ne le susses. J'étais content que vous veniez me voir.

266. Il faudra qu'ils se rendent à la force de la vérité, quand ils auront permis qu'elle parût dans tout son jour. Il suffit qu'un habile homme n'a rien négligé pour faire réussir une entreprise, le mauvais succès ne doit pas diminuer son mérite. Je douterai toujours que vous avez fait tous vos efforts. Quand j'avais tué

quelque oiseau pour ma nourriture, il fallait que je me traîne contre terre avec douleur pour aller ramasser ma proie. Les Romains ne voulaient point de batailles hasardées mal à propos, ni de victoires qui coûteraient trop de sang.

267. Télémaque était ravi d'entendre ce discours d'Adoam, et se réjouissait qu'il y avait encore au monde un peuple qui, suivant la droite raison, était aussi sage et aussi heureux tout ensemble. Dieu a permis que des irruptions de barbares renversent l'empire romain, qui s'était agrandi par toutes sortes d'injustices. Quelque honte que nous eussions méritée, il est presque toujours en notre pouvoir de rétablir notre réputation. Je ne savais pas que vous aviez fait une étude aussi approfondie des langues anciennes. Minos n'a voulu que ses enfants régneraient après lui, qu'à condition qu'ils régneraient suivant ses maximes. On désirait que vous soyez de la partie.

Remarques sur les Prépositions.

1°. Ne confondez pas *autour* et *à l'entour* : *autour* est une préposition, et elle est toujours suivie d'un régime ; *autour d'un trône* : *à l'entour* n'est qu'un adverbe, et il n'a point de régime : *il était sur son trône, et ses fils étaient à l'entour.*

2°. Ne confondez pas *avant* et *auparavant* ; *avant* est une préposition, et elle est suivie d'un régime : *avant l'âge, avant le temps* : *auparavant* n'est qu'un adverbe, et il n'a point de régime : *ne partez pas si tôt, venez me voir auparavant.*

3°. *Au travers* est suivi de la préposition *de* : *au travers des ennemis* : *à travers* n'en est pas suivi ; on dit : *à travers les ennemis*.

————

Exercices sur les prépositions.

268. Venez avec moi, nous nous promènerons à l'entour de la prairie. Nous étions dans la maison lorsque des voleurs rôdaient autour. Il faut réfléchir auparavant de parler. Quelque temps auparavant que l'entreprise de l'empereur Henri éclatât, les comtes d'Anjou et de Montfort avaient fait leur paix avec le roi d'Angleterre. Alexandre donna à Porus un royaume plus grand que celui qu'il avait avant. On vous a vu à travers les vitres. Nous n'apercevons la vérité qu'au travers le voile de nos passions.

269. A travers des murmures flatteurs des courtisans, Sully faisait entendre la voix libre de la vérité. Le poil de chèvre ou de chameau passe à travers de l'aiguille qui est percée. Tous les grands étaient à l'entour du trône. Si vous partez, venez me voir auparavant. L'aiguille passe au travers la peau qu'elle perce. Le roi était sur son trône, et les grands étaient autour. J'espère aller vous voir auparavant de partir. Le soldat se jette au travers la bataille, et l'enfonce. Ils dansaient à l'entour d'une table ronde.

====

Remarques sur les Adverbes.

1°. *Plus* et *davantage* ne s'emploient pas toujours l'un pour l'autre ; *davantage* ne peut être suivi de la préposition *de*, ni de la conjonction *que* ; on ne dit pas : *il a davantage de brillant que de solide* ; mais *plus* de *brillant* ; on ne dit pas : *il se fie davantage à ses lumières qu'à celles des autres* ; mais *il se fie plus à ses lumières.*

Davantage ne peut s'employer que comme adverbe ; exemple : *la science est estimable, mais la vertu l'est bien* davantage.

2°. Ne confondez pas l'adverbe *près de*, qui signifie *sur le point de*, avec l'adjectif *prêt à*, qui signifie *disposé à* ; on ne dit point : *il est* prêt à *tomber*, mais *il est* près de *tomber.*

Ne confondez pas *à la campagne* et *en campagne* ; ce dernier ne se dit que du mouvement des troupes : *l'armée est* en *campagne* ; mais il faut dire : *j'ai passé l'été à la campagne.*

Exercices sur les adverbes.

270. Les livres où il y a davantage de brillant que de solide, sont à la mode. La science est estimable ; mais la vertu l'est bien davantage. Celui qui se fie davantage à ses lumières qu'à celles de la grâce, commet une ingratitude envers Dieu. Les libertins ont beau faire les esprits forts, ils tremblent quand ils sont prêt à mourir. Un soldat doit toujours être prêts d'obéir, de marcher, de combattre. L'armée se mettra bientôt à la campagne. Voulez-vous venir avec moi à la campagne ? S'il fait beau, nous irons demain en campagne avec nos sœurs.

271. Louis-le-Gros était presque toujours à la campagne, ou pour réprimer la révolte de quelque prince, ou pour punir l'injustice de

quelque particulier. Des amis toujours prêts de
parler en notre faveur, sont de bons supports en
ce monde. Je ne vous en dirai pas davantage.
Rome, prête à succomber, se soutint, principalement durant ses malheurs, par la sagesse et la
constance du sénat. Nous avons passés plusieurs
jours en campagne. Il n'a pas davantage d'esprit
que son père.

Remarques sur le Régime.

Règle. Un nom peut être régi par deux adjectifs, ou par deux verbes à la fois, pourvu que
ces adjectifs et ces verbes ne veuillent pas un
régime différent. *Exemples : Cet homme est
utile et cher à sa famille. Cet officier attaqua
et prit la ville.*

Mais on ne peut pas dire : *cet homme est
utile et chéri de sa famille,* parce que l'adjectif
utile ne peut régir *de sa famille ;* on ne peut
pas dire : *cet officier attaqua et se rendit
maître de la ville,* parce que le verbe *attaquer*
ne peut régir *de la ville,*

Exercices sur le régime.

272. Le luxe est semblable à un torrent qui
entraîne et qui renverse tout ce qu'il rencontre. Un procureur ne doit point travailler en faveur et contre sa partie. Un magistrat doit toujours juger suivant et conformément aux lois.
Le maréchal d'Hocquincourt attaqua et se rendit maître d'Angers. Ce jeune homme est utile

et cher à sa famille. Il n'y a que le Créateur de l'univers qui puisse présider et régler le mouvemens des astres. Cet enfant aime et est aimé de ses parents. Il n'est ni bon ni utile a rien.

273. Ce désir violent avec lequel les hommes cherchent un objet qu'ils puissent aimer et être aimé, naît de la corruption de leur cœur. Il s'est acquis une estime générale, et rendu célèbre. Je suis sensible et content des preuves d'amitié que vous m'avez données. Avec de pareils sentiments, Philippe devait être cher et chéri de ses sujets. Je puis prévoir et répondre à toutes les objections que vous me ferez sur cette matière. Avez-vous vu, avez-vous dit à votre père que vous devez bientôt quitter les lieux qui vous ont donné naissance ?

DE L'ORTHOGRAPHE.

L'*Orthographe* est la manière d'écrire correctement tous les mots d'une langue.

ORTHOGRAPHE DES NOMS.

1º. La première lettre des noms propres, des noms de dignité, doit être une lettre capitale ; *Pierre, Paris.*

2º. Tous les noms qui ne finissent point par *s* au singulier, en prennent une au pluriel ; exemple : *un jardin charmant; des jardins charmants.* (*Voyez les exceptions*, page 7).

3°. Quoiqu'on écrive *honneur* avec deux *nn*, il n'y en a qu'une dans *honorer*.

4°. On écrit avec *mp*, *compte*, *compter*, pour signifier *supputer ;* avec *m* seulement *comte*, *comté*, titre, dignité ; avec une *n*, *conte*, *conter*, pour signifier *raconter*.

5°. On écrit avec *mp*, *champ*, pour signifier *terre*, et avec *nt*, *chant*, pour signifier l'action de *chanter*.

6°. On écrit ainsi *faim*, besoin de manger, et *fin*, le terme où finit une chose : *la mort est la* fin *de la vie*.

MOTS *en* ace *et en* asse.

On écrit ainsi par *ce*, *glace*, *besace*, *grimace*, *espace*, *place*, *race*, *grace*, etc.

Et par *sse*, *terrasse*, *basse*, *grassé ;* tous les imparfaits du subjonctif de la première conjugaison : *j'aimasse*, *j'appelasse*, etc.

MOTS *en* ance *et en* ence.

On écrit par *a*, les mots suivans : *abondance*, *constance*, *vigilance*, *distance*, etc.

Et par *e*, *prudence*, *conscience*, *absence*, *clémence*, *éloquence*, etc. (On suit à cet égard l'orthographe latine : *abundantia, prudentia.*)

MOTS *en* èce *et en* esse.

On écrit ainsi par *ce*, *nièce*, *pièce*, et par *sse*, *adresse*, *blesse*, *paresse*, etc.

MOTS *en* ice *et en* isse.

On écrit ainsi par *ce*, *calice*, *office*, *artifice*, *précipice*, etc.

Et par *sse*, *écrevisse*, *réglisse*, *jaunisse*; tous les imparfaits du subjonctif de la deuxième et quatrième conjugaison : *je finisse*, *je rendisse*.

MOTS *en* sion, tion, xion, ction.

On écrit par une *s*, *appréhension*, *dimension*, *pension*, *convulsion*, *ascension*, etc. Et par *t*, *attention*, *condition*, *agitation*, *discrétion*, etc.

Remarque. T conserve sa prononciation dans les noms où il est précédé d'une *s* ou d'un *x*; *question*, *indigestion*, *mixtion* : autrement il se prononce comme *s* : *attention*, prononcez *attension*.

On écrit par *x*, *fluxion*, *réflexion*, *complexion*, *génuflexion*, etc.; et par *ct*, *action*, *distinction*, *séduction*, *prédilection*, etc.

(*Ces observations ne peuvent être réduites en règles générales ; la lecture et le dictionnaire doivent en tenir lieu.*)

———

Exercices sur l'Orthographe des noms.

274. La France est au nord de la Méditerranée. Philippe-le-Bon, duc de Bourgogne, institua à Bruge en Flandre l'ordre de la toison d'or. Notre réputation ne dépend pas du caprice des hommes ; mais elle dépend des actions louable que nous faisons. Il a pris des ville, conquis des province, subjugué des nation entière. Je n'ésiterai point de lui dire qu'il vous a desservi dans cette circonstance. L'onneur est un devoir. L'éroïsme de la vertu. Cette action le désonnore beaucoup.

275. Dois-je vous rendre conte de tout ce qui se passe chez nous? Vous pouvez conter sur moi. Croyez-vous que je fasse attention à tous vos comptes bleues? Je me ferai un plaisir de vous compter cette histoire. La dignité de compte est au-dessus de celle de baron. Le comté de Foix est au midi de la France. Vous ai-je compté tout ce que j'ai vu à la promenade? Les bons comptes divertissent les honnêtes gens; ils se plaisent à les entendre. Si j'avais fin, je demanderais à manger. Venez me voir à la fin de l'été. L'alouette est le musicien des chants. Le champ du rossignol est très-varié.

276. Rasse, préface, basse, populasse, bécasse, plasse, grimasse, la grâsse, le Parnasse, glasse, espasse, vorasse, efficace, besasse, terrasse, audasse, je casse, tu places, il agasse, elle passe, on se délasse, que je donnace, que tu dansasses, qu'ils s'amusacent.

277. Abondance, prudance, vengeanse, souffrence, clémence, sciance, ordonnanse, défiance, indulgeancé, éloquense, danse, récompanse, défance, contredanse, dépanse, offance, la panse, espesse, adresse, niesse, paresse, pièce, souplesse, comtesse, hôtesse.

278. Calice, coulice, écrevice, malice, esquice, jaunisse; que tu avilisses, artifice, saucice, office, réglice, vice, que je rendice, aspertion, attention, produxion, complexion, jonction, convulcion, convension, détention, incurtion, inspirassion, confession, invention,

condition, succetion, agitassion, proportion, élexion, réflexion, pension, question, vertion, direction.

***

ORTHOGRAPHE DES VERBES.

PRÉSENT DE L'INDICATIF.

Singulier. 1°. Si la première personne finit par *e*, *j'aime*, *j'ouvre*, etc.; on ajoute *s* à la seconde : la troisième est semblable à la première; exemple : *j'aime, tu aimes, il aime.*

2°. Si la première personne finit par *s*, ou *x*, la seconde est semblable à la première; la troisième finit ordinairement en *t* : *je finis, tu finis, il finit.* Dans quelques verbes, la troisième personne se termine en *d* : il *rend*, il *vend*, il *prétend*.

Pluriel. Le pluriel, dans toutes les conjugaisons, se termine toujours par *ons, ez, ent* : *nous aimons, vous aimez, ils aiment; nous finissons, vous finissez, ils finissent.*

IMPARFAIT DE L'INDICATIF.

Il se termine toujours de cette manière : *ais, ais, ait, ions, iez, aient.*

J'aimais, tu aimais, il aimait, nous aimions, vous aimiez, ils aimaient.

PRÉTÉRIT DE L'INDICATIF.

Le prétérit *défini* a quatre terminaisons : *ai, is, us, ins,* de cette manière.

J'aimai, tu aimas, il aima, nous aimâmes, vous aimâtes, ils aimèrent.

Je finis, tu finis, il finit, nous finîmes, vous finîtes, ils finirent.

Je reçus, tu reçus, il reçut, nous reçûmes, vous reçûtes, ils reçurent.

Je devins, tu devins, il devint, nous devînmes, vous devîntes, ils devinrent.

FUTUR DE L'INDICATIF.

Il se termine toujours ainsi : *rai, ras, ra, rons, rez, ront.*

J'aimerai, tu aimeras, il aimera, nous aimerons, vous aimerez, ils aimeront.

Je recevrai, tu recevras, il recevra, nous recevrons, vous recevrez, ils recevront (1).

CONDITIONNEL PRÉSENT.

Il se termine toujours ainsi : *rais, rais, rait, rions, riez, raient.*

J'aimerais, tu aimerais, il aimerait, nous aimerions, vous aimeriez, ils aimeraient.

Je recevrais, tu recevrais, il recevrait, nous recevrions, vous recevriez, ils recevraient.

PRÉSENT DU SUBJONCTIF.

Il se termine toujours ainsi : *e, es, e, ions, iez, ent.*

Que j'aime, que tu aimes, qu'il aime, que nous aimions, que vous aimiez, qu'ils aiment.

IMPARFAIT DU SUBJONCTIF.

Il a quatre terminaisons : *asse, isse, usse, insse,* de cette manière.

---

(1) N'écrivez pas *je receverai, je renderai*; on ne met *e* devant *rai* qu'à la première conjugaison.

*J'aimasse, tu aimasses, il aimât, nous ai-
massions, vous aimassiez, ils aimassent.*

*Je finisse, tu finisses, il finît, nous finissions,
vous finissiez, qu'ils finissent.*

*Je reçusse, tu reçusses, il reçût, nous reçus-
sions, vous reçussiez, ils reçussent.*

*Je devinsse, tu devinsses, il devînt, nous
devinssions, vous devinssiez, ils devinssent.*

Remarquez que les secondes personnes plurielles des verbes ont ordinairement un *z* à la fin.

———

Exercices sur l'Orthographe des verbes.

279. Je donne, tu propose, il chante, nous
cherchons, vous limités, ils profite. Je choisi,
tu obéis, elle emplis, nous applaudisson, vous
bannisser, ils assujettisse. Je ment, tu pars, il
sors, nous consenton, vous présentez, elle res-
sentent. Je viens, tu doit, il parviens, ils re-
doive. Je défais, tu acquiert, tu t'en va, il pue,
elle romp, on apprendt.

280. Je montrait, tu marchais, ils prêtait,
nous envoyons, vous liiez, il jouis, je balançai,
tu aima, il reçut, nous allame, vous préparate,
ils blâmère, nous embellimes, vous fournite,
ils réussire, nous reçumes, vous conçutes, ils
durent, nous tinmes, vous vîntes, ils devinre, je
crérai, tu jeteras, il emploira, nous payerons,
vous louerez, ils recevront.

281. Je m'ennuirai, tu jouras, il achetera,
elle vendera, nous envèrons, vous délirez, ils
courrons, je réponderai, tu obtiendra, il con-

cevra, nous agrérons, vous pririez, ils s'abstien-
deraient. Que je coures, que tu perde, qu'il
balaye, que nous payons, que vous liez, qu'ils
sache, que je m'abstinse, que tu vinses, qu'il
dut, qu'elle appelat, qu'on écrivit, que nous
continuions, que vous louiez, que nous obtin-
sions, que vous revinsiez, qu'ils survinsent.

REMARQUES

SUR L'ORTHOGRAPHE DES PRONOMS, ADVERBES, ET AUTRES MOTS.

Leur ne prend jamais *s* à la fin, quand il
est joint à un verbe; alors il signifie *à eux,
à elles : ces enfants ont été sages,* je leur *donnerai un prix.*

Leur suivi d'un nom pluriel, prend une *s;*
alors il signifie *d'eux, d'elles : un père aime
ses enfants, mais il n'aime pas* leurs *défauts.*

On ne met point d'accent sur *o* dans *notre,
votre,* quand ils sont devant un nom : *votre
père, notre maison;* mais on met un accent
circonflexe sur *ô* dans *le nôtre, le vôtre, la
nôtre, la vôtre;* exemple : mon *livre est plus
beau que le vô*tre.

On met un accent grave sur *là,* adverbe de
lieu; *allez-là :* on n'en met point sur *la,* article:
la *dame;* ni sur le pronom féminin *la : je* la
connais.

On met un accent grave sur *où,* adverbe
de lieu : *où allez-vous?* On n'en met point sur
ou conjonction : *c'est vous ou moi.*

On met un accent grave sur *à* préposition : *je vais* à *Paris.* On n'en met point sur *a* troisième personne du verbe *avoir : il* a *de l'esprit.*

On met un accent circonflexe sur *dû,* participe du verbe *devoir : rendez à chacun ce qui lui est* dû : on n'en met point sur *du,* article : *la lumière* du *soleil.*

Exercices sur l'Orthographe des pronoms, des adverbes et d'autres mots.

282. Les chevaux n'ont plus rien dans leur rateliers ; donnez-leurs à manger. Le pardon des ennemis ne consiste pas seulement à ne leurs nuire ni dans leurs réputation , ni dans leur biens ; il faut encore les aimer véritablement, et leur faire plaisir, si l'occasion s'en présente. Il n'y a pas de meilleure épée que la votre. Leurs avez-vous dit que nous les attendons ici avec leur amis ?

283. Restez-là ou je vous ai placé, et je vous donnerai la pomme que je vous ai promise ; je vais la cueillir bientôt. Ménage est l'homme du monde le plus incommode, dit Christine, reine de Suède : il ne saurait laisser passer un mot sans son passeport ; il veut savoir d'ou il vient, par ou il a passé, et ou il va. Ou vous viendrez avec moi, ou je resterai où je suis. C'est a lui ou a moi de parler. Il y a plusieurs maison à Paris. Du pain et du beurre auraient du vous suffire. Si cette somme vous est due, on la paiera.

DE L'APOSTROPHE.

L'*Apostrophe* (') marque le retranchement d'une de ces trois lettres, *a*, *e*, *i*.

A, *E*, suivis d'une voyelle ou d'une *h* muette, se retranchent dans *le*, *la*, *je*, *me*, *te*, *se*, *de*, *ne*, *que*, *ce*.

Le, on dit : *l'ami*, *l'enfant*, *l'instinct*, *l'oiseau*, *l'univers*, *l'honneur*, pour le *enfant*. etc.

La, on dit : *l'abeille*, *l'épée*, *l'intention*, *l'oisiveté*, etc., pour la *abeille*, la *épée*, etc.

Je, on dit : *j'apprends*, *j'étudie*, *j'honore*, *j'oublie*, etc., pour je *apprends*, etc.

Me, on dit : *vous m'aimez*, *vous m'estimez*, *vous m'instruisez*, etc., pour me *aimez*, etc.

Te, on dit : *je t'avertis*, *je t'ennuie*, *je t'invite*, etc., pour te *avertis*, etc.

Se, on dit : *il s'amuse*, *il s'ennuie*, *il s'instruit*, *il s'occupe*, etc., pour se *amuse*, etc.

De, on dit : *beaucoup d'apparence*, *d'ignorance*, *d'orgueil*, etc., pour de *apparence*, etc.

Ne, on dit : *je n'aime pas*, *je n'estime pas*, *il n'obéit pas*, etc., pour ne *aime*, etc.

Que, on dit : *qu'avez-vous fait?* *qu'importe?* etc., pour que *avez-vous fait?* etc.

Ce, on dit : *c'est la vérité*, pour ce *est*, etc.

Quelque perd *e* devant *un*, *autre :* quelqu'*un*, quelqu'*autre*.

Entre perd *e* devant *eux*, *elles*, *autres :* entr'*eux*, entr'*elles*, entr'*autres*.

Jusque perd *e* devant *à*, *au*, *aux*, *ici :* jusqu'à *Paris*, jusqu'au *ciel*, jusqu'*ici*.

I se retranche dans le mot *si* devant *il, ils :* s'il *arrive,* s'ils *viennent.*

DU TRAIT D'UNION.

Le *Trait d'union* (-) se met entre les verbes et *je, me, moi, toi, tu, nous, vous, il, ils, elle, elles, le, la, les, lui, leur, y, en, ce, on,* quand ces mots sont placés après le verbe. *Exemples : Irai-je? viens-tu? donnez-lui; achevera-t-il? viendra-t-elle? a-t-on fait? prenez-en,* etc.

On met encore le trait d'union entre deux mots, tellement joints ensemble, qu'ils n'en font plus qu'un : *chef-d'œuvre, courte-pointe, avant-coureur.*

DU TRÉMA.

Le *Tréma* (¨). On appelle ainsi deux points placés sur les voyelles *i, u, e,* quand ces lettres doivent être prononcées séparément de la voyelle qui précède, comme *haïr, païen, aïeul, ambiguë;* pour empêcher qu'on ne prononce ce dernier mot comme *fatigue.*

DE LA CÉDILLE.

La *Cédille* (ç). On appelle ainsi une petite figure qu'on met sous le *c* devant *a, o, u,* pour avertir qu'il doit avoir le son de *s,* comme dans *façon, leçon, façade, reçu.*

DE LA PARENTHÈSE.

La *Parenthèse.* On appelle ainsi deux crochets (), dans lesquels on renferme quelques mots détachés ; exemple : *Celui qui évite d'apprendre (dit le Sage) tombera dans le mal.*

* * *

Exercices sur l'Apostrophe, le Trait-d'union, le Tréma, la Cédile, et la Parenthèse,

284. Adressez vous à quelque autre qu'à moi. Entre autre chose, je lui dis que je ne ferai pas cette demande. C'est entre eux qu'ils ont formé ce complot. Venez jusque ici, je vous attendrai. Ma grande mère est allée à la grand messe ; elle a passé par la grand place. Iras tu ? viendra-il ? Donnez en lui un peu. Vous avez un cerf volant ; prêtez le lui un instant. Elle demande cette fleur ci ; donnez lui plutôt celle là. Cette phrase est ambigue. On ne devrait jamais hair son prochain. De la façon que j'ai parlé, on a dû m'entendre.

DE LA PONCTUATION.

Il y a six signes pour indiquer, en écrivant, les endroits du discours où l'on doit s'arrêter.

1°. La virgule (,) se met après les noms, les adjectifs, les verbes qui se suivent. *Exemples : La candeur, la docilité, la simplicité, sont les vertus de l'enfance. La charité est douce, patiente, bienfaisante.*

La virgule sert encore à distinguer les différentes parties d'une phrase. *Exemple : L'étude rend savant, et la réflexion rend sage.*

2°. Le point avec la virgule (;) se met entre deux phrases, dont l'une dépend de l'autre. *Exemple : La douceur est, à la vérité, une vertu ; mais elle ne doit pas dégénérer en faiblesse.*

3°. Les deux points (:) se mettent après une phrase finie, mais suivie d'une autre qui sert à l'étendre ou à l'éclaircir. *Exemple : Il ne faut jamais se moquer des misérables : car qui peut s'assurer d'être toujours heureux ?*

4°. Le point (.) se met à la fin des phrases quand le sens est entièrement fini. *Exemple : Le mensonge est le plus bas de tous les vices.*

5°. Le point interrogatif (?) se met à la fin des phrases qui expriment une interrogation. *Exemple : Quoi de plus beau que la vertu ?*

6°. Le point d'admiration (!) se met après les phrases qui expriment l'admiration (1). *Exemples : Qu'il est doux de servir le Seigneur ! Qu'il est glorieux de mourir pour la Patrie !*

Phrases à ponctuer.

285. Biens dignités honneurs tout disparaît à la mort Les reptiles les oiseaux les bêtes de la campagne les animaux domestiques tout ce qui respirait sur la terre et dans les airs périt sans exception La charité est patiente douce bien-

---

(1) Il est aussi appelé *exclamatif*, parce qu'on le place après toutes les exclamations ; exemple : *Que Dieu est bon !*

faisante Boire manger jouer dormir se promener sont les occupations les plus ordinaires des personnes du grand monde.

286. Jeux conversations spectacles rien ne le tira de sa solitude Pour devenir savant il faut étudier constamment méthodiquement avec goût et avec application L'horreur du vice et l'amour de la vertu sont les délices du sage La Guinée produit du poivre du coton du miel de la cire de l'ambre gris Nous ne devons jamais en quelque circonstance que nous nous trouvions agir contre le témoignage de notre conscience Les hommes qui sont créés pour connaître et aimer Dieu doivent s'appliquer à fuir le vice et à pratiquer la vertu.

287. Le temps est inégal il fait tantôt froid tantôt chaud L'homme est incertain dans ses résolutions tantôt il veut une chose tantôt il en veut une autre La satisfaction qu'on tire de la vengeance ne dure qu'un moment mais celle que l'on tire de la clémence est éternelle On ne saurait trop exhorter les jeunes gens à la docilité car sans cette vertu ils ne pourraient recevoir une bonne éducation.

288. Pythagore a dit Mon ami est un autre moi-même et Plaute le bien qu'on fait à d'honnêtes gens n'est jamais perdu Il y a trois sortes de fruits dans cette corbeille des pommes des poires et des raisins Il y a trois vertus théologales la Foi l'Espérance et la Charité Voilà deux pièces de drap l'une est bonne et j'en con-

nais le prix quand à l'autre je ne vous conseille pas de l'acheter.

289. Dieu est infiniment parfait et infiniment bon par conséquent il ne peut ni se tromper ni nous tromper Vous m'avez gagné deux parties je vous en ai gagné deux autres partant nous sommes quittes Vous devez par votre application contenter vos parents et vos maîtres d'ailleurs vous savez combien il est honteux d'être ignorant On recherche les richesses et cependant on voit peu de riches heureux La vie disait Socrate ne doit être que la méditation de la mort.

290. Obligez vos amis pour vous les attacher davantage et vos ennemis pour en faire des amis Avant de sortir de votre maison examinez ce que vous allez faire et à votre retour examinez ce que vous avez fait N'employez jamais et sous aucun prétexte la violence envers personne Prenez la sagesse pour votre compagne depuis la jeunesse jusqu'à la vieillesse c'est de tous les biens qu'on peut posséder celui qui est le plus assuré.

291. On demanda à Antisthène ce qui lui était revenu de l'étude de la sagesse « de savoir dit-il converser avec moi-même » Un jour qu'Aristide présidait au jugement de la cause de deux particuliers l'un des deux ayant commencé à dire que son ennemi avait fait dans sa vie bien du mal à Aristide « Eh mon ami lui repartit Aristide en l'interrompant dis seulement le mal

qu'il ta fait c'est ton affaire que je juge et non pas la mienne.

RÉCAPITULATION GÉNÉRALE DES EXERCICES.

292. Il faut élever à la vertu, dans son ame, une forteresse qui fut imprénable. La nécessité est la chose la plus forte, n'y ayant rien dont elle ne vient à bout. N'amassez pas des biens par de mauvaises voies. Ne faites point d'amis légèrement, et conservez ceux que vous avez fait. Ne briguez point le commandement, qu'auparavant vous n'eussiez appris à obéir. On ne saurait assez se défier de lui-même. Un homme courageux doit être doux, afin qu'on eût pour lui plus de respect que de crainte. Comme les pierres de touche servent à éprouver l'or et font connaître sa bonté, ainsi l'or répandu parmi les hommes fait connaître le caractère des bons et des méchants.

293. Rendez-vous la vertu personnel, et n'ayez rien de commun avec le vice. Bias composa deux mille vers sur l'Ionie, dont le sujet était le moyen par qui on pouvait rendre ce pays plus heureux. Le goût exclusif de la science et de la vertu éloigna Anaxagore des affaires publics : on attribue à ce philosophe d'avoir dit qu'il vaut mieux tomber entre les griffe du corbeau, qu'entre les mains des flatteurs, parce que ceux-ci ne font du mal qu'aux morts, au lieu que ceux-là dévore les vivants. Il faut surtout se munir des biens qu'on peut sauver avec

lui dans un naufrage. Les gens d'un bon caractère sont ceux qui mérite le plus d'être aimé.

294. La prudence est plus assuré qu'un
mur, parce qu'elle ne peut ni crouler ni être
miné. Aristippe croyait que la pauvreté vaut
mieux que l'ignorance, parce que celle-ci n'est
qu'une privation de richesses, au lieu que celle-
là est une privation d'entendement. Ce philosophe dut avoir des grands admirateurs et des
grands envieux. On rapporte qu'il s'endormait
quelquefois tenant dans la main une boule de
cuivre au-dessus d'un bassin, afin qu'en tombant dans le bassin, elle le réveille. Il disait qu'il
n'y a que l'étude de la sagesse qui peut éclairer
l'âme. Le plus grand plaisir d'Epictète était
qu'on lui fasse voir ses défauts.

295. J'aime et je pardonne volontiers aux
enfants leurs fautes, lorsqu'ils paraissent vouloir s'en corriger. A mon compte, il s'en faut de
beaucoup que vous ayez votre conte. Voilà
trente francs bien contés. Epictète disait : la
plupart des philosophes les sont en paroles et
non en effets. Le plus grand plaisir de ce philosophe était qu'on lui fasse voir ses défauts. Marc-
Aurèle avait reçu de la nature une âme grande,
généreuse, et il l'avait cultivé par une éducation
peu commune. Pythagore gravait les principes
de la pudeur et de la piété dans les âmes, et
voulait qu'on tienne un milieu entre la joie excessive et la tristesse ; qu'on cultive sa mémoire ; qu'on ne dise rien et qu'on ne fasse rien
dans la colère ; qu'on aime à chanter les louanges de Dieu et des grands hommes.

296. Socrate dit un jour à Antisthène, qui affectait de se distinguer par des habits sale et déchiré : « On entrevoit beaucoup de vanité à travers les troux de ton manteau et de tes vieux haillons. » Il fallait bien qu'il pleuve après un si grand tonnerre. Parle, afin que je te vois. Démétrius, fils d'Antigone, ayant pris Mégare, patrie du philosophe Stilpon, ordonna, non seulement qu'on épargne sa maison, mais aussi qu'on lui restitue ce qu'on lui avait enlevé ; et afin que tout lui soit rendu, il voulut se faire donner un état de tout ce qu'il avait perdu. On contait à ce philosophe plus de deux milles disciples.

297. Un quelqu'un ayant demandé au général Métellus ce qu'ils ferait le lendemain : « Je brûlerais, dit-il, ma chemise, si elle le saurait. Léonidas s'acquit un gloire immortel en défendant, avec trois cent hommes d'élite, le détroit des Thermopyles contre l'armée de Xerxès, roi des Perses, dix milles fois, dit-on, plus nombreuse que la sienne. Périclès joignait à des grands talents militaires un grand talent oratoire. Philopœmen gagna, l'an deux cents huit auparavant Jésus-Christ, la fameuse bataille de Messène., contre les Etoliens, allié des Romains. Léosthène fit des exploits fort éclatant, qui lui donnèrent beaucoup de réputation.

298. Un quelqu'un dit à Sylla : « Eh ! comment serais-tu aussi magnanime que tu le dis, toi qui, n'ayant rien hérité de ton père, se trouve pourtant avoir tant de biens ! » Démosthène di-

sait qu'il n'y a rien d'aussi facile que de se tromper lui-même, parce qu'on se persuade aisément ce qu'on désire. La calomnie s'établit sans peine, mais le temps découvre sa fausseté. Il était nécessaire, dit-elle, qu'il vainque ou qu'il meure ; j'aime mieux qu'il soit mort au lit d'honneur, que d'avoir vécu toute sa vie inutile. Si l'on trace un cercle sur du papier avec un compas, la ligne que la pointe du compas aura tracé, est la circonférence du cercle. Cette circonférence se divise en trois cents soixante degrés ; un arc de cent quatre-vingt degrés est donc la moitié d'un cercle ; de même quatre-vingt-dix degrés forment le quart du cercle.

299. L'éllipse est une figure approchant de l'ovale, et formé par une ligne courbe qui embrasse un espace plus long que large. La ligne courbe que décrit un astre à l'entour d'un autre astre, par exemple la terre à l'entour du soleil, se nomme orbite. La nature des comètes est encore inconnu ; on ignore si c'est des corps analogue au planètes. Si la vérité se montrerait aux hommes dans toute sa beauté, ils n'aimerait qu'elle seule. L'amour-propre est notre grand mobile : c'est lui qui règle nos passions ; c'est à lui à qui les hommes sont redevables de la plupart des services qu'ils se sont rendus les uns aux autres. Si le soleil paraît tourner à l'entour de la terre, c'est une fausse apparence ; c'est nous, au contraire, qui tourne à l'entour de lui.

300. Le mois synodique est de vingt-neuf jours. Douze de ces mois forme l'année lunaire,

 ÉLÉMENTS

qui, n'étant que de trois cents cinquante-quatre de nos jours, est plus courte d'onze jour que l'année de notre terre. L'orbite annuel que la terre décris à l'entour du soleil, est de deux cents huit millions cinq cents soixante-sept mil quatre-vingt lieue. Elle parcourt donc cinquante-sept milles lieues par heure, et un peu moins de six lieues et demi par seconde. Une orange percé dans son milieu par une longue aiguille, sur qui on le fait tourner, nous représente fidellement la terre, ses pôles et son axe. Les peuples qui sont sous l'équateur étant à une égal distance des pôles, les ont tous deux dans leur horison : aussi ils voient tous les astres se lever et se coucher, sans qu'il y en eût aucune qui leurs fût cachée.

301. La presque totalité de l'Europe est situé dans la zone tempéré septentrional. Il y a vingt-quatre zones ou bandes étroite de l'équateur aux cercles polaires, a la faim de chacune desquelles le jour est plus grand d'une demie-heure qu'à l'extrémité de celui qui précède ; on les appele climats d'heures où plutôt de demie-heures. Des cercles polaires aux pôles, on en comte encore six, que l'on nomment *climats de mois*, parce qu'un chacun d'eux augmentes le jour d'un mois. On appele *chaînes de montagnes*, une suite d'élévations considérable de terre liée par des parties plus basse qu'elle, mais toujours plus élevée que les plaines. On divisent les mers en *mers extérieurs et en mers intérieurs*.

302. Un glacier est un amas de neiges et de glaces, qui, accumulé sur les haute montagnes où dans les vallées profonde, se détruit et se renouvelle sans cesse : la Suisse offre un grand nombre de ces glaciers, aussi ancien que le monde, et dont la fonte perpétuel alimente des grands fleuves. C'est en Asie où le premier homme fut créé; et c'est de-là d'où, par les enfans de Noé, sont sortis toutes les colonies qui ont peuplé la terre. Jérusalem, a huit cent lieues sud de Paris, par mer, est une ville médiocre, qui n'a plus rien de son ancienne splendeur. L'usage du café vint de Constantinople à Paris, vers l'an mille six cents soixante-douze.

303. Depuis que les Wahabis se sont révolté contre l'autorité du grand-seigneur, les villes de la Mecque et de Médine ne renferme plus qu'une petite partie des trésors que la dévotion des pélerins musulmans y avaient accumulé. C'est de sauterelles dont saint Jean vécut dans le désert. La Chine a bien cinq cent lieues de long, sur plus de quatre cent de large. On y fait toute sortes de belles étoffes, et de très-belles porcelaines. On y récolte de la soie, du coton, de l'excellent thé, etc. Les Japonais sont spirituel, adroit, sociable, sobre et magnifique; ils aiment les sciences, et y ont une grande disposition. Leur coutumes sont opposé aux notres en bien des choses.

304. Les îles Moluques, au sud des Philippines, et à l'est de Bornéo, sous la ligne équi-

noxial, ayant été découverte par Magellan, en mille cinq cents vingts, furent soumise aux Espagnols : elles passèrent ensuite aux Portugais, qui en furent chassés par les insulaires, appuyé des Hollandais ; ceux-ci, enfin, s'en sont rendu les maîtres, et y font tout le commerce. Ils ont des forts par qui ils en tiennent assujetti tout les souverains. L'île de Java est séparé de l'île de Sumatra par le détroit de la Sonde, par qui il faut passer pour se rendre dans les mers du Japon et de la Chine. Le séné est la feuille d'un arbrisseau dont la tige n'a guère qu'une coudée, avec des petites branches flexibles comme l'osier.

305. La tortue est un animal amphibie, et qui, ayant sur le dos des larges écailles assez connu, et dont on fais quantité d'ouvrages, ne sauraient bien nager, et est obligé de marcher au fond de la mer. Quelque empereurs se sont imaginé faire des actes d'une insigne piété en persécutants ceux de leur sujets qui était d'une religion différente de la leur. Les personnes poli sont toujours gracieuse, et les personnes enjoué sont ordinairement agréable. Il me semble que c'est plus par les manières que par l'air, que les hommes sont gracieux, et que les femmes le sont plutôt par leur air que par leur manières. Il est gracieux d'avoir toujours des beaux objets devant lui, et d'être bien reçu partout.

306. Bien des gens ne font pas scrupule, pour augmenter leur bien, d'y ajouter celle

d'autrui. C'est les belles manières qui distingue l'honnête homme. Les mêmes manières qui siéent, quand elles sont naturelle, rendent ridiculé quand elle sont affecté. L'air prévenant et les manière engageante sont d'un plus grand secours auprès de certaine personnes, que le mérite du cœur et de l'esprit. Il semble qu'on apprend d'un maître, en écoutant ses leçons, et qu'on s'instruit par lui-même, en faisant des recherches. L'économie sait en trouver assez ou il y en à peu. Le dissipateur n'en peut avoir suffisamment ou il y en à même beaucoup.

307. Les demis-savants, les pédans et les petit-maîtres assurent tout ; il ne parlent que par décisions. Il est de la prudence du sage d'attendre la confirmation des nouvelles publics, auparavant que d'y ajouter foi ; et d'être en garde contre les tricheries de la renommée. Les mœurs de notre siècle ont bannies des lois de l'amitié toute attachement contraire aux intérêts. Des défauts qu'on n'avait pas d'abord remarqué, et que l'on ne s'attendait pas à trouver, diminue bien les attraits. Les charmes n'ont plus d'effet, lorsque le temps et l'habitude les ont rendu trop familiers, ou ont usé leur goût

308. On dit des grands attraits, des puissants appas, et des invincibles charmes. Il n'est pas possible, quelques modérés que nous soyons, de n'avoir pas quelquefois en notre vie des emportements ; mais quand nous sommes sage, nous savons nous posséder dans notre colère. Un avare peut avoir des richesses dans ses

coffres , mais il n'est pas leur maître; c'est elles qui possède et son cœur et son esprit. Ceux qui ont la connaissance des arts, savent et suivent leurs règles; mais ceux qui le possède , font et donne des règles à suivre. Ce n'est point pour lui qu'on est austère, et l'on est rude que pour les autres ; mais on peut être sévère pour lui et pour les autres.

309. Il semble que pour battre, il faut redoubler les coups, et que pour frapper, il suffit d'en donner un. La vrai humanité consiste a ne rien traiter a la rigueur, a excuser les faiblesses, a supporter les défauts, et a soulager les peines et les misères du prochain, quand on le peut. Il n'y à point d'homme qui ne peut se tirer de l'indigence, a moins qu'il ne soit hors d'état de travailler. Quand on est dans le besoin, c'est à ses amis à qui il faut demander de l'aide ; mais il faut aussi s'aider lui-même, de peur de les importuner. Les lettres ne sont guère cultivé au milieu des richesses , et elles le sont mal dans la pauvreté; une fortune honnête est leur état convenable. L'homme caché veille sur soi-même, pour ne se point trahir par indiscrétion.

310. Les vieux comptes disent qu'il y a un charme pour empêcher l'effet des armes , et rendre invulnérable. Il est essentiel, pour bien corriger, que le châtiment ne fût ni ne parut être l'effet de la mauvaise humeur. On n'est pas toujours puni par ses supérieurs; on l'est quelquefois par ses égaux, par lui-même, par ses inférieurs, par le seul événement des choses,

par l'hasard, ou par les suites mêmes de la faute qu'on a commis. Il arrive assez ordinairement que la chaleur du sang et la pétulance de l'imagination occasionent l'emportement, sans que le cœur ni l'esprit y eussent part : il est alors tout mécanique; c'est pourquoi la raison n'est point de mise a son égard; il n'y a donc qu'à céder jusqu'a ce qu'il ait eu son cours.

311. Le sage ne se conduit par les lumières d'autrui, qu'autant qu'il se les est rendu propres. On s'oppose aux choses à qui on ne veut pas consentir. On rebute celles à qui on ne veut pas acquiescer. On ne prends point de part à celles auquel on ne veux pas adhérer. On conteste celles de qui on ne veut pas tomber d'accord. Je crois que les arts et les sciences gagnerait beaucoup, si les auteurs s'attacheraient davantage à suivre leur génie, qu'à imiter les modèles qu'il rencontre. Il n'y a que les supérieurs qui sont en droit de réprimander. Les femmes ont peur de tout; et il est peu d'hommes qui, à cet égard, ne tiennent de la femme par quelqu'endroit; ceux qui n'ont peur de rien, sont les seuls qui font honneur à leur sexe.

312. Les courtisans se mettent aisément dans l'idée que le prince doit faire leur fortune; mais il en est peu qui se mette dans la tête de le mériter par des services marqué au coin de la vertu. Quand les gens de distinction demeure à Paris, il loge dans des hôtels ; et quand il demeure en campagne, il loge dans des châteaux. Il faut être hypocondre pour demeurer toujours

chez lui sans compagnie et sans occupation. Quand on a sur son conte un quelque chose d'infâmant, il faut se cacher entièrement aux yeux du monde. L'envie et l'avidité font qu'on a quelquefois des gros différends pour des bagatelles. Il y a dans la plupart des querelles d'avantage d'humeur que d'haine.

313. La différence des modes et du langage distinguent davantage de nations ; que celle des mœurs. Il semble que l'éclat tient du feu ; que le brillant tient de la lumière, et que le lustre tient du poli. Bien des gens se mêle d'enseigner ce qu'ils devraient encore étudier. Les cœurs bien placés sont toujours étonnés des perfidies, quelques fréquentes qu'elles soient. Il est peu de gens qui ont vécu dans le monde sans avoir eu quelque avanture bizarre. Les dehors brillant ne sont pas des preuves certaines d'une fortune solide. Un chacun à sa façon propre de parler et d'agir. Les Gobelins ont été des teinturiers si renommés, que leur nom est demeuré au lieu ou ils travaillait, et aux ouvrages que d'autres ont continué après eux.

314. Je doute que les vins de Falerne ont été davantage renommés que ceux de Champagne et de Bourgogne. La fierté est fondé sur l'estime qu'on a de lui-même ; et le dédain, sur le peu de cas qu'on fait des autres. Une infinité de motifs particuliers peu causer la répugnance qu'on a a user des choses où a les faire, selon la nature de ces choses, les occasions et les circonstances : on ne la sent qu'autant qu'on est

contraint par les autres, ou qu'on se contraint lui-même. C'est quelquefois pour ceux avec qui le devoir nous engage à vivre, pour qui nous avons le plus d'aversion. On ne doit jamais faire avec répugnance ce que la raison, l'honneur et le devoir exige. Il ne faut avoir de haine que pour le vice.

315. Il est arrivé plus d'une fois qu'un mauvais raisonnement a persuadé des gens qui ne s'était pas rendu à des preuves convaincante et démonstrative. On invente des nouvelles choses par la force de l'imagination. Quelques sages et quelque heureux que nous soyons, nous avons toujours quelque fâcheux moment que nous ne saurions prevenir. L'expression est de la pensée ; le tour fait tout son mérite. Le terme est du sujet ; la convenance fait sa bonté. Les observations historiques qu'on a fait, rendent l'antiquité plus connue. Un esprit vif ne saurait s'appliquer à des longs ouvrages, un esprit grossier ne peut en faire des délicats. La plus grande peine qu'on peut faire à un orgueilleux, c'est de lui mettre ses défauts sous les yeux.

316. La longueur de l'harangue ralentit quelquefois le feu de l'action. L'orgueilleux se considère dans ses propres idées ; plein et bouffi de soi-même, il est uniquement occupé de sa personne. On a le don de la parole et la science des mots : on donne du tour et de la justesse à ceux-là ; on choisit et l'on range celle-ci. Mil raisons prouvent la pesanteur de l'air ; et le mercure marque son poids. L'étude du cabinet

rent savant, et la réflexion rend sage ; mais l'un et l'autre émousse quelquefois la vivacité de l'esprit, et le fait paraître pesant dans la conversation , quoiqu'il pense finement. Les gens intéressés plaignent tous les pas qui ne mènent à rien.

317. Corneille n'est pas toujours égal à soi-même ; néanmoins Corneille est un excellent auteur. Je regarde le pouvoir de malfaire comme un défaut dans la créature , et non comme un avantage dont on doit faire honneur à la liberté. Il serait, ce me semble, plus glorieux à l'être raisonnable que tout sa puissance se borne au bien, et qu'il soit absolument incapable du mal. Des qualité excellente, jointe à des rares talents, font le parfait mérite. Il faut toujours être reconnaissant des bienfaits qu'on a reçu. Les faux dévots n'ont de sévérité que pour autrui ; prêts de tout blâmer, ils ne cessent de s'applaudir eux-mêmes. Le mauvais état de la santé est un prétexte assez ordinaire, dans le monde , pour éviter des situations embarassant ou désagréable.

318. Les petits-maîtres se pique aujourd'hui d'être volage, bien loin de se piquer de stabilité dans leurs engagements. Il y a dans quelque auteurs et dans quelque bâtiments, davantage de grâce que de solidité. Les biens et la santé, joint a l'art d'en jouir, sont le solide de la vie ; les honneurs ne sont que son ornement. La politesse fait supporter, dans la société , une infinité de choses qui déplaît. Il y

à des gens a qui la vérité est odieuse; il faut nécessairement les tromper pour leurs plaire. La plus grande injure qu'on peut faire à un honnête homme, c'est de se défier de sa probité. L'esprit et le cœur de l'homme sont les temples chéri du vrai Dieu ; c'est là où il veut être adoré.

319. De tous les genres d'écrire, il n'y à que le comique ou les expressions triviales peuvent trouver place. On a vaincu ses ennemis quand on les a si bien battu, qu'ils sont hors d'état de nuire. Le mérite des choses en elles-même fait leur valeur; et l'estimation fait leur prix. Les charlatans ne manquent jamais de se vanter; ils promettent toujours davantage qu'ils ne peuvent tenir, ou se font un honneur qui ne leurs a pas été accordé. Il est plus ridicule, selon mon sens, de se louer lui-même, que de se vanter; car on se vante par un grand désir d'être estimé : c'est une vanité qu'on pardonne ; mais on se loue par une grande estime qu'on a de lui : c'est une orgueil dont on se moque. Il n'y a point de gouvernement où il n'y eût de variations.

320. Une mode est vieille, quand elle cesse d'être en usage ; elle est ancienne , lorsque son usage est entièrement passé. L'antiquité faisant périr les preuves de l'histoire, affaiblit sa vérité, et fait valoir les monuments qui se conserve. Qui commence tôt et travaille vîte, achève promptement. Les connaisseurs regardent les beautés d'un tableau qu'ils voyent;

ceux qui ne le sont pas, regardent le tableau sans voir ses beautés. Dans une cour nombreuse, les premiers sont vus du prince ; à peine les autres en sont aperçus. Il n'y a rien dont on est moins le maître, que de l'exécution de ses dernières volontés. Il y a beaucoup d'ouvrages en plusieurs tomes, qui serait meilleur, s'il serait réduit en un seul.

321. Bien des gens suivent la coutume dans la façon de penser, comme dans le cérémonial; ils s'en tiennent à ce que leur mères et leur nourrices ont pensé auparavant eux. L'argent donne beaucoup d'avantage dans le commerce; il facilite son succès. Je souhaite que cette ouvrage soit utile au lecteur, qu'il fît le profit du libraire, et qu'il me procure l'avantage de l'estime public. On n'est jamais bon maître, si l'on ne sais s'abaisser jusqu'au niveau de l'esprit de son écolier. Les personnes qui font des profondes études, et celle qui ont des grandes affaires ou des fortes passions, sont plus sujettes que les autres a avoir des obstructions; leur idée ou leur desseins les frappe si vivement, qu'ils leurs sont toujours présents.

322. Quand on a été abandonné dans l'infortune, on ne connais plus d'amis dans le bonheur; on ne conte que sur sa propre conduite, et l'on ne congratule que lui-même de tout les services que l'on reçoit alors de la part des hommes. Il a été heureux pour certaine personnes d'être abandonné de leurs proches ; c'est par-là par où a commencé la chaîne des

événements qui les ont conduit à la fortune. Il y a des gens dont le mérite et le courage a besoin d'être soutenu, et d'autres qui ne le font valoir que lorsqu'il se voit délaissé. On ne se défends jamais mieux contre des paroles piquant, que par des réparties fines et honnêtes.

323. Il n'est point de dispute qui ne doit se terminer a une réplique de par et d'autre; quand on va plus loin, c'est faute de justesse d'esprit. Tout homme est sujet à se tromper : ainsi il faut tout examiner auparavant que de croire. Comme les hommes vieillisse par le nombre des années, ainsi vieillissè les empires par le nombre des siècles : tout a un terme prescrit, au-delà de qui il ne passe pas. C'est une situation très- désagréable, et pour lui-même et pour les autres, que d'être toujours indécis dans les affaires et irrésolu dans les démarches. C'est une faible résolution que celles qu'un malade prend pour le changement de sa manière de vivre; la santé le fait penser tout différemment.

324. Il y a bien des gens qui ne consulte, dans tout leur décisions, que leur imagination où leur cœur. L'âge viril ne produit point des fruits de science et de sagesse, si leurs principes n'ont été semé dans le temps de la jeunesse. En vain on ensemence son chant, si le ciel n'y répand ses fécondes influences. Tels à sa mémoire chargé des sages et prudentes maximes des grands hommes, qui n'a pas soi-même un grain de bon sens. Il est difficile que d'une mauvaise graine

il vînt un bon fruit. La maxime qui dit *qu'il ne faut rien commencer qu'on ne peut finir, est bonne ; mais celle qui défend de cesser une ouvrage pour en commencer une autre, est meilleur.

325. Plus le mal est invétéré, plus sa cure est difficile. C'est souvent davantage à la force du tempérament qu'à l'effet des remèdes, qu'on doit sa guérison. Quelquefois on abhorre ce qu'il serait avantageux d'aimer, et l'on déteste ce qu'on estimerait, si on le connaîtrait mieux. Le sage ne doit jamais avoir d'autre gardien de son secret, que soi-même. C'est à un ami sage et éclairé à qui nous devons donner quelque autorité et quelque pouvoir sur notre esprit ; mais nous devons nous défendre de tout empire autre que celui de la raison. C'est les lois qui donne l'autorité ; elle y puise tout sa force. L'autorité paternelle ne s'étend qu'à l'éducation et non à la destruction, quelque ait été et soit encore la pratique de quelques peuples.

326. (1) Cependant Télémaque impatient se dérobe à la multitude qui l'environne il court à la porte par où Mentor avait sorti il se la fait ouvrir avec autorité Bientôt Idoménée qui le croit à ses côtés s'étonne de le voir qui court au milieu de la campagne et qui est déjà· auprès de Nestor Nestor le reconnaît et se hâte nais d'un pas pesant et tardif de l'aller recevoir

---

(1) Cet exercice et les suivants concernent principalement la ponctuation.

Télémaque saute à son cou et le tient serré entre ses bras sans parler Enfin il s'écrie ,O mon père je ne crains pas de vous nommer ainsi le malheur de ne trouver point mon véritable père et les bontés que vous m'avez fait sentir me donne droit de me servir d'un nom si tendre Mon père mon chère père je vous revois ainsi puisse-je revoir Ulysse Si quelque chose pourrait me consoler d'en être privé ce serait de trouver en vous un autre soi-même.

327. Nestor ne put à ces paroles retenir ses larmes et il fut touché d'une secrète joie voyant celles qui coulait avec une merveilleuse grace sur les joues de Télémaque La beauté la douceur la noble assurance de ce jeune inconnu qui traversait sans précaution tant de troupes ennemis étonna tous les alliés Nest-ce pas disaient-ils le fils de ce vieillard qui a venu parler à Nestor Sans doute c'est la même sagesse dans les deux âges les plus opposés de la vie dans l'un elle ne fait encore que fleurir dans l'autre elle porte avec abondance les fruits les plus mûrs.

328. Mentor qui avait pris plaisir à voir la tendresse avec qui Nestor venait de recevoir Télémaque profita de cette heureuse disposition Voilà dit-il le fils d'Ulyse si cher à toute la Grèce et si cher à vous-même ô sage Nestor le voilà je vous le livre comme un otage et comme le gage le plus précieux qu'on peut vous donner de la fidélité des promesses d'Idomenée Vous jugez bien que je ne voudrais pas que la perte

du fils suive celles du père et que la malheureuse Pénélope puisse reprocher à Mentor qu'il a sacrifié son fils à l'ambition du nouveau roi de Salente Avèc ce gage qui a venu de lui-même s'offrir et que les dieux amateurs de la paix vous envoyent Je commence ô peuples assemblés de tant de nations à vous faire des propositions pour établir à jamais une paix solide.

329. A ce nom de paix on entend un bruit confus de rang en rang Tout ces différentes nations frémissait de courroux croyant perdre tout le temps ou l'on retardait le combat elles s'imaginait qu'on ne faisait tous ces discours que pour ralentir leur fureur et pour faire échapper leur proie Sur-tout les Manduriens souffrait impatiemment qu'Idoménée espère de les tromper encore une fois Souvent ils entreprirent d'interrompre Mentor car ils craignait que ses discours pleins de sagesse ne détachent leur alliés Ils commençait à se défier de tous les Grecs qui était dans l'assemblée Mentor qui l'aperçut se hâta d'augmenter cette défiance pour jeter la division dans les esprits de tous ces peuples.

330. J'avoue disait-il que les Manduriens ont sujet de se plaindre et de demander quelque réparation des tors qu'ils ont souffert mais il n'est pas juste aussi que les Grecs qui font sur cette côte des colonies soit suspect et odieux aux anciens peuples du pays Au contraire les Grecs doivent être uni entre eux et se faire bien traiter par les autres Il faut seulement qu'il soit mo-

déré et qu'il n'entreprennent jamais d'usurper les terres de leur voisins Je sais qu'Idomenée à eu le malheur de vous donner des ombrages mais il est aisé de guérir tout vos défiance Moi et Télémaque nous vous offrons à être des otages qui vous répondent de la bonne foi d'Idomenée Nous demeurerons entre vos main jusqu'à ce que les choses qu'on vous promettra soit fidellement accompli.

FIN.

* 8

LISTE

DES *H* MUETTES ET ASPIRÉES.

[Les *h* aspirées sont précédées de guillemets «].

habile, *adj.*
habileté, *f.*
habillement, *m.*
habit, *m.*
habitant, *m.*
habitation, *f.*
habitude, *f.*
« hâbler, *v.*
« hablerie, *f.*
« hableur, *m.*
« hache, *f.*
« hacher, *v.*
« hachereau, *m.*
« hachette, *f.*
« hachis, *m.*
« hachoir, *m.*
« hachure, *f.*
« haha, *m.*
« haie, *f.*
« haillon, *m.*
« haine, *f.*
« haïr, *v.*
« haire, *f.*
« halbran, *m.*
« hâle, *m.*
haleine, *f.*
halenée, *f.*
« hâler, *v.*
« haleter, *v.*
« halle, *f.*
« hallebarde, *f.*

« haloir, *m.*
« halot, *m.*
« halte, *f.*
« hamac, *m.*
« hameau, *m.*
hameçon, *m.*
« hanche, *f.*
« hangar, *m.*
« hanneton, *m.*
hanovrien, *s.* et *adj.*
« hanse, *f.*
« hanter, *v*
« hantise, *f.*
« happelopin, *m.*
« happer, *v.*
« haquenée, *f.*
« haquet, *m.*
« harangue, *f.*
« haras, *m.*
« harceler, *v.*
« hardes, *f.*
« hardiesse, *f.*
« hareng, *m.*
« harengère, *f.*
« hargneux, *adj.*
« haricot, *m*
« haridèle, *f.*
« harmonie, *f.*
harmonieux, *adj.*
« harnacher, *v.*
« harnais, *m.*

« harpagon, *m.*
« harpeau, *m.*
« hart, *f.*
« hasard, *m.*
« hase, *f.*
« hâter, *v.*
« hâtif, *adj.*
« hativeau, *m.*
« hausser, *v.*
« haut, *adj.*
« hautbois, *m.*
« haute-futaie, *f.*
« haute-paye, *f.*
« hauteur, *f.*
« haveron, *m.*
« havir, *v.*
« havre-sac, *m.*
hébéter, *v.*
hébreu, *m.*
hectare, *m.*
hectolitre, *m.*
hélas, *interj.*
hellénisme, *m.*
hémistiche, *m.*
hémorragie, *f.*
« hennir, *v.*
« henriade, *f.*
« héraut, *m.*
herbage, *m.*
herbette, *f.*
herboriste, *m.*
Hercule, *m.*
héréditaire, *adj.*
hérédité, *f.*
hérésie, *f.*
« hérisser, *v.*
« hérisson, *m.*
héritage, *m.*
héroïne, *f.*
« héron, *m.*
« héros, *m.*
« herse, *f.*
hésiter, *v.*
hétérogène, *adj.*

« hêtre, *m.*
heur, *m.*
heure, *f.*
heureux, *adj.*
« heurt, *m.*
« heurter, *v.*
« hie, *f.*
hièble, *f.*
hilarité, *f.*
hirondèle, *f.*
« hisser, *v.*
histoire, *f.*
hiverner, *v.*
« hoche, *f.*
« hochequeue, *m.*
« hocher, *v.*
« hochet, *m.*
« hollander, *v.*
homicide, *m.*
hommage, *m.*
homme, *m.*
homonyme, *adj.*
honnête, *adj.*
« honnir, *v.*
honorable, *adj.*
« honte, *f.*
« honteux, *adj.*
hôpital, *m.*
« hoquet, *m.*
« hoqueton, *m.*
« horde, *f.*
« horion, *m.*
horizon, *m.*
horloge, *f.*
horloger, *m.*
horreur, *f.*
« hors, *prép.*
hospice, *m.*
hospitalité, *f.*
hospodar, *m.*
hostie, *f.*
hôtel, *m.*
« hotte, *f.*
« hottée, *f.*

« houblon, *m.*
« houe, *f.*
« houille, *f.*
« houle, *f.*
« houlette, *f.*
« houppe, *f.*
« hourdage, *m.*
« houret, *m.*
« huit, *adj.*
« huitain, *m.*
« huitaine, *f.*
« huitième, *m.*
huitre, *f.*
« hulotte, *f.*
humain, *adj.*
humanité, *f.*
humble, *adj.*
humectation, *f.*
humeur, *f.*
humide, *adj.*
humiliation, *f.*
humilité, *f.*
« hune, *f.*

« huppe, *f.*
« hure, *f.*
« hurlement, *m.*
« hurler, *v. n.*
hurluberlu, *m.* -
« hutte, *f.*
« hutter, *v.*
hydre, *f.*
hydreléon, *m.*
hydromel, *m.*
hydropique, *subst. et adj.*
hydropisie, *f.*
hydropote, *m.*
hyène, *f.*
hygiène, *f.*
hygromètre, *m.*
hymen, *m.*
hymne, *m.*
hyperbole, *f.*
hypocrisie, *f.*
hypocrite, *subst. et adj.*
hypothèque, *f.*
hysope, *f.*

FIN DE LA LISTE DES H MUETTES ET ASPIRÉES.

TABLE DES MATIÈRES.

FIN.

www.ingramcontent.com/pod-product-compliance
Ingram Content Group UK Ltd.
Pitfield, Milton Keynes, MK11 3LW, UK
UKHW022020170726
13837UKWH00001B/308